새로운교회 공동체가 함께 도전하는 이야기

카페교회에 날개를 달다

최혁기 지음

카페교회에 날개를 달다

초판1쇄 발행 2016년 9월 28일

지 은 이   최혁기
펴 낸 이   이호연
펴 낸 곳   새로운길
출판 등록   제2016-000028호

디 자 인   김도윤
일러스트   심현지
편   집   고윤환
교   정   이권훈
마 케 팅   이한용

주   소   고양시 일산서구 탄현동 일현로 70 104동 1303호
전   화   031-916-5997
팩   스   0505-333-3031
이 메 일   dodun@daum.net
홈페 이지   newroad.modoo.at
가   격   12,000 원

Isbn 979-11-957406-3-5

새로운교회 공동체가 함께 도전하는 이야기

카페교회에 날개를 달다

최혁기 지음

새로운교회는 젊은이들과 함께 교회 안의 사역들을
세상 밖으로 흘러가도록 비즈니스라는 방법으로

카페몽루, 커피상자, 새로운길 출판사, 조은디자인, 러브월드 NGO,
바리스타 협동조합, 캠퍼스 선교, 새로운 대안학교를 꿈꾸며 목회하고 있다.

새로운 길

Prologue
프롤로그

처음 교회를 개척했을 때, 마음은 급한데 시간은 참 천천히 흐르는 것만 같았다. 시간은 매주 흘러가지만 교회는 긴 시간 특별한 변화가 없어 보였다. 시간이 멈춘 듯, 호수가에서 낚시를 하는 강태공 같은 그런 느낌이었다. 하지만 그 이후 공동체가 구성되면서 교회는 점점 북적거리기 시작하고 다양한 활동과 행사들이 진행되기 시작했다.

공동체 멤버들과 예배 후에 시간 가는줄 모르고 이야기를 나누는 시간이 정말 즐거웠다. 그리고 함께 하는 사역자들이 생기면서 교회는 더 전문적으로 여러 가지 사역들을 감당하게 되었다.

이제 교회는 처음과 달리 시간이 빠르게 흘러가고 있다. 한주만 지나도 무언가 달라진 것이 있을 정도이다. 우리가 눈물로 심었던 수많은 기도들은 이제 하나, 둘 열매를 맺기 시작한다. 그것을 깨닫는 사람은 결국, 함께 기도했던 사람들이었다.

우리는 계획했던 교회의 여러 사역들이 상당히 더디게 진행될 거라고 생각했다. 하지만 속도가 붙기 시작하자 우리의 예상과 달리 **빠른** 속도로 진행되고 있다. 요즘 교회 안과 밖의 수많은 사역들을 감당해 가면서 한 가지 드는 생각이 있다. '그때 개척 안했으면 어쩔 뻔 했나!'

때때로, 하나님께서 우리를 어쩔 수 없는 상황 가운데로 몰아가실 때가 있다. 순종 할 수밖에 없는 상황까지 거칠게 몰아가시기도 한다. 당황스런 그 순간엔 도무지 하나님의 의도를 깨달을 수 없을 때가 있다. 그런데 그런 순간에는 마음 주시는대로 순종하는 게 답인거 같다. 시간이 흐른 뒤에는 그때 왜 하나님께서 우리를 급하게 인도하셨는지 너무나 정확히 깨닫게 된다. 그래서 그렇게 인도하신거구나 하고 말이다.

지금도 우리는 기도와 눈물의 씨앗을 심고 있다. 꼭 우리교회만 해야 하는 일들은 아니지만 우리교회도 동참했으면 하는 사역들이 많다. 그리고 그 사역을 진행하면서 참으로 즐겁다. 외부에서 볼 때는 이렇게 바쁜데 어떻게 모두 감당하며 살수가 있냐고 물어보시는 분들도 많이 계시지만 사실 나에게 사역은 너무나도 즐거운 일이다.

젊은이들과 함께 이야기를 나누는 것, 그들의 소리를 들으며 공감해 보는 것, 말씀을 쉽고 은혜롭게 설교하는 것, 페이스북에서 여러 가지 글들을 쓰고 책을 출간하는 것, 이 모든 것들이 나에게는 즐겁고 의미 있는 일이다.

하나님은 각자에게 특별한 달란트를 주신 것 같다. 그 달란트를 발견한 사람들은 가만히 멈추어 있을 수가 없다. 신세 한탄하고 세상을 비난할 시간도 아깝다. 지금 바로 뛰어 가야 한다. 하나님께서 열어 주시는 길로 말이다.

유재석과 이적이 예전에 불렀던 "말하는 대로" 노래 가사처럼
'나 스무 살 적에 하루를 견디고 불안한 잠자리에 누울 때면 내일

뭐하지 내일 뭐하지 걱정을 했지 두 눈을 감아도 통 잠은 안 오고 가슴은 아프도록 답답할 때 난 왜 안 되지 왜 난 안 되지 되뇌었지

말하는 대로 말하는 대로 될 수 있다곤 믿지 않았지 믿을 수 없었지 마음먹은 대로 생각한 대로 할 수 있단 건 거짓말 같았지 고개를 저었지

그러던 어느 날 내 맘에 찾아온 작지만 놀라운 깨달음이 내일 뭘 할지 내일 뭘 할지 꿈꾸게 했지 사실은 한 번도 미친 듯 그렇게 달려든 적이 없었다는 것을 생각해 봤지 일으켜 세웠지 내 자신을

말하는 대로 말하는 대로 될 수 있단 걸 눈으로 본 순간 믿어보기로 했지 마음먹은 대로 생각한 대로 할 수 있단 걸 알게 된 순간 고갤 끄덕였지

마음먹은 대로 생각한 대로 말하는 대로 될 수 있단 걸 알지 못했지

그 땐 몰랐지 이젠 올 수도 없고 갈 수도 없는 힘들었던 나의 시절 나의 20대 멈추지 말고 쓰러지지 말고 앞만 보고 달려 너의 길을 가 주변에서 하는 수많은 이야기 그러나 정말 들어야 하는 건 내 마음 속 작은 이야기

말하는 대로 말하는 대로 될 수 있다고 될 수 있다고 그대 믿는다면 마음먹은 대로 (내가 마음먹은 대로) 생각한 대로 (그대 생각한 대로) 도전은 무한히 인생은 영원히 말하는 대로 말하는 대로

전도사와 부목사 시절을 보내고 개척을 했을 때 노래 가사와 같은 상황이었다. 뭘 해야 할지 고민하며 잠이 오지 않던 그런 시간을 지냈다. 인생이 흑암처럼 느껴지고 세상이라는 현실 속에 내던져진 심정으로 땀을 쏟으며 일하던 그런 시기를 견디고 나서야 비로소 희미하게 눈에 보여 지는 시기가 다가오는 것이다.

가만히 기다려서 되는게 아니라 결국 무모해 보이지만 믿음의 첫 발을 내 딛어야 하는 것이다. 그때야 비로소 하나님께서 함께 역사하시고 도와주실 수 밖에 없는 상황이 펼쳐지는 것이다. 책으로만 배운 믿음이 아니라 현실속에서 깨달아지는 그런 믿음으로 연단 받는 과정이 우리를 기다리고 있다.

우리 교회도 그렇다. 절박한 상황과 눈물의 기도가 뿌려진 다음에 무모한 믿음의 도전을 하고 난 뒤에 드디어 기도하는 대로, 믿음대로, 꿈꾸는 대로 비전을 향해 길이 열리는 것이다. 지금도 우리는 절박함으로 기도하고 말하고 마음먹고 비전을 꿈꾸며 씨를 심고 있다.

"하나님께서 역사하실 타이밍을 기다리며 요단강에 들어가고 있다."

2016년 9월 10일 가슴 뛰는 밤에...

CONTENTS

PART 02 새로운 대안학교를 만들어라

Chapter 01 대안학교 이야기

Chapter 02 학생들의 진로

Chapter 03 선교와 교육의 순환

PART 03 꿈꾸는 세상으로 나아가라

Chapter 01 캠퍼스 선교를 꿈꾸라

Chapter 02 바리스타 협동조합

Chapter 03 NGO에 눈을 떠라

Chapter 04 우리가 교회다 연대

PART 04. 은혜의 말씀으로 들어가라

Chapter 01 말씀의 푯대를 세워라

PART 1

비즈니스 카페교회를 시작하라

"처음에는 건물 없는 교회로서 카페를 생각했다. 그리고 젊은이들에게 전도하기 좋은 장소로도 교회보단 카페가 좋은 선택이었다. 그러나 카페를 선택한 우리에게 비즈니스는 필수적인 수단이 되었다. 그리고 공동체를 위해서 더 다양한 비즈니스로 확장되기 시작했다."

Chapter 1 새로운 길을 걷다

01. 개척 이야기

교육 목사로 여러 교회에서 사역을 하던 시절, 교회에 적응하지 못하고 떠나는 많은 젊은이들이 보이기 시작했다. 교회 안에서는 여전히 열정적인 믿음의 청년들이 있었지만, 세상 밖의 청년들에게 복음을 가지고 찾아가 돌볼 목회자가 필요하지 않을까 하는 생각이 들었다. 그런 부담감을 안고 기도하면서 다음 세대 젊은이들을 위한 거룩한 부르심과 열정을 갖게 되었다.

그때 첫 번째로 들어온 말씀은

"내가 너로 큰 민족을 이루고 네게 복을 주어 네 이름을 창대하게 하리니 너는 복이 될지라."(창 12:2)

그냥 복을 주신다는 복된 말씀이 아니라 나를 통해서 복음이 전달되게 하시고 교회가 세워지게 하시고 그들에게 큰 복을 주시겠다는 의미로 느껴졌다.

이 말씀을 받고 새벽마다 기도를 하면서 하나님께 묻기도 하고 아직은 어렵다고 솔직하게 말씀드리기도 했다. 모아 놓은 돈도 없었고 둘째를 낳은 지 얼마 되지도 않았으며 처음 개척했던 교회도 몇 개월 버티지 못하고 포기했던 트라우마도 있었다. 하지만 하나님은 언제나 그렇듯이 당신만의 스케줄로 나를 휘몰아쳐 가셨다. 어쩌면 내가 순종하기까지 그런 절박한 상황으로 몰아가시는 건지도 모른다.

그러던 어느 날 두 번째 말씀이 보였다.
"내가 너를 이방의 빛으로 삼아 너로 땅 끝까지 구원하게 하리라"
(행13:47)

이 말씀으로 사도바울은 이방인들에게 선교하기 시작했는데, 내게 있어서는 교회 밖에 있는 청년들에게 복음을 전하라는 말씀으로 들렸다.

함께 할 개척 멤버들을 임의로 선정하여 그들에게 이메일로 개척 기획안을 보냈다. 그리고 2년간 감리교단에 소속되지 않은 미파형태로 개척하기로 했다.

교회 건물을 구할 수 없었기 때문에 어차피 교단에 소속되긴 어려웠다. 젊은이들을 향한 캠퍼스 선교를 꿈꾸고 있었기 때문에 신촌에서 개척할 곳을 찾기 시작했다. 여러 카페를 돌아다니며 주일에 대관이 가능한지 알아보았다. 대부분의 카페는 거절했고 마지막으로 방문한 카페는 아르바이트 직원이 주인을 만나도록 해주었다. 알고 보니 그 주인은 성결교회 목사님이셨다. 그리고 교회에서 운영하는 카페였다. 우리 사정을 말씀드리고 개척에 대한 이야기를 하니 흔쾌히 사용할 수 있도록 허락해 주셨다. 대관료를 따로 드리지도 못할 것 같아서 감사헌금으로 대신했다.

이런 사연을 거쳐서 드디어 2013년 1월 6일 주일부터 첫 예배를 드렸다. 주일 저녁에 신촌에 있는 작은 카페를 대관하여 모임을 시작했고 3명이 참석했다. 우리 부부와 여동생이었다. 건물도 없이 사람도 없이 무모하게 믿음으로 시작했다. 처음에는 '이 길이 맞는가?' 싶을 정도로 더디게 공동체가 준비 되어져 갔다. 예배를 심플하게 구성하고 함께 소통과 나눔을 하는 형식으로 방향성을 잡고 모임을 진행했다. 함께 1박2일 '힐링캠프'를 가기도 하고 여름엔 삽시도 아웃리치를 진행하면서 여러 청년들이 합류하기 시작했다.

시골 교회를 돕는 아웃리치는 개척 교회가 진행하기엔 여러 가지 면에서 어려운 게 사실이었지만 그래도 함께 준비해서 행사를 진행하였다. 상당히 의미가 있는 시간이었다. 교회를 위해서 함께 기도할 수 있는 시간이기도 했다.

가을 정도가 되자 모임에 참석하는 아기 엄마들과 청년들의 부류가 서로 어울리기 힘들게 되었다. 관심사도 달랐고 무엇보다 아이들이 가만히 기다려주지 못했다. 그래서 일산에 가정 중심의 두 번째 모임을 만들게 되었다. 일산에서 시작한 모임도 주일 오전에 작은 카페를 대관하여 예배를 드렸다. 함께 점심식사도 나누고 아이들과 함께 놀아주며 그렇게 진행되었다. 공원 잔디밭에 돗자리를 깔고 앉아서 예배를 드리기도 했고 가정에서 드릴 때도 있었다. 어린 아이들은 신나게 뛰어 놀고 어른들은 함께 말씀을 듣고 이야기를 나누었다. 서울과 일산 모임 모두 천천히 자리를 잡아가는 시간이었다.

처음 1년간은 공동체의 기초를 세우는데 주력했고 심플한 시스템과 1박2일 '힐링캠프'를 여러 차례 진행하면서 서로 간에 깊은 교제와 나눔을 갖도록 진행하였다. 그렇게 교회 공동체가 세워지는 시간이었다. 예배를 통해 뜨겁게 기도하고 선명한 말씀을 전하고 나면 나눔의 자리에서 영락없이 자매들이 눈물로 고백하곤 했다. 삶의 자리에서 겪게 되는 한계와 어려움을 이야기하면 듣고 있는 우리도 고스란히 느낄 수 있었다. 때로는 함께 기도 해주고 진심 어린 조언도 해주며 끈끈한 공동체가 되어 가고 있었다.

우리 교회가 가고 있는 방향성과 현재 지나가고 있는 시기에 대한 이야기를 많이 했고 무엇보다 사명과 비전을 분명히 했다. 교회의 미션과 비전을 놓고 뜨겁게 기도하며 모임을 시작할 때가 많았다.

매주 청년들의 나눔을 들으며 소통을 하다 보니 그들의 상황과 여건, 간증과 방향성에 대해서 너무나 잘 알게 되었다. 매주 나눔 시간마다 한 편의 드라마를 시청하는 것처럼 그 시간을 기대하게 되었다. 기쁨과 감사가 넘치는 즐거움의 시간이었으며 마음이 맞는 사람들과 나누는 회복의 시간이었다. 그들의 스토리를 경청하며 함께 기도 제목들을 나누는 시간이었다.

02. 지하 교회를 계약하다

어느덧 1년 반이 지나며 2014년 8월에는 일산에 교회 건물을 얻게 되었다. 미파로 2년 안에 다시 감리교단에 들어가야 했기 때문에 공동체가 함께 상의하여 중부연회 일산 서지방으로 편입하게 되었다. 다행히 지방에 동기 목회자들이 있어서 여러 가지로 도와주었다. 상가 지하 교회 건물을 월세로 얻고 그 안에 교회 비품을 마련하는 것도 그 당시 우리에게는 불가능해 보이는 상황이었다. 하지만 교회 공동체가 함께 결정하고 기도하며 준비하기 시작했다.

십자가, 강대상, 의자, 그 외 여러 가지 비품들을 교인들이 개인적으로 헌신하기 시작했다. 그리고 하루 날을 정하여 교인들이 모여서 함께 대청소하고 정리하는 시간을 가졌다. 결혼을 앞둔 커플이 와서 화장실을 얼마나 깨끗하게 청소해 주었던지 정말 대단했다.

다른 청년들도 교회를 꾸미고 정리하는데 열심히 봉사해 주었다. 우리 규모에 맞지 않게 기적처럼 교회 건물이 생긴 것이다. 개척 감사 예배를 드리며 특송을 하는 자매가 정말 은혜롭게 찬양을 했다. 교회가 세워진 과정을 너무나 잘 알고 있었기에 그날 너무나 깊은 감동이 있었다.

많은 분들이 찾아오셔서 축하해 주시고 기도해 주셨다. 그리고 함께 비전을 꿈꾸며 기도하기 시작했다. 하나님께서는 역시나 우리 공동체를 그분의 계획대로 이끌고 가셨다.

그 당시에도 카페 교회라는 비전을 꿈꾸었지만 실제로 카페를 운영하고 있지는 않았다. 공동체를 만들고 세워 가는 게 먼저라고 생각했기 때문이다. 공동체가 어느 정도 세워지면 카페를 인수하고 운영하는 것은 그렇게 어려워 보이지 않았다. 그래서 가능하다면 충분히 감당이 가능할 때까지 기다리고 있었던 것이다.

그해 연말부터는 인천 토요모임이 시작되었다. 이 모임은 특별히 병원에서 모였다. 그리고 다음해 봄부터는 인천 주일모임도 시작할 수 있었다. 이미 자리 잡은 지역 모임들이 있었기 때문에 새로운 모임들은 시간 조정만 하고 멤버만 있으면 충분히 시작할 수 있었다. 멀티 네트워크 교회를 꿈꾸며 젊은이들을 찾아가는 교회가 되도록 만들어 갔다.

1년에 두 번씩 시골 교회를 돕는 아웃리치 행사를 진행하면서 청년들이 친구들과 함께 참여하고 현장에서 봉사를 하며 함께 하는 기쁨과 은혜를 누릴 수 있었다. 벽화를 제대로 그리지 못하던 청년들도 계속 하다 보니 실력이 늘었다. 다들 아웃리치를 위해서 다양한 것들을 준비하고 함께 웃으며 즐겁게 진행했다.

섬기는 시골 교회에서도 점심식사를 준비해 주시고 함께 도와주시면서 양쪽 교회 모두 의미 있는 시간이 되었다. 교회가 안에만 머물러 있는 것이 아니라 세상 밖으로 나가서 지역사회와 세상을 향해 도움을 줄 수 있는 방향으로 조율하기 시작했다. 쓰나미와 지진, 여러 가지 피해로 인해 어려움을 겪는 민족과 나라들을 위해서 함께 후원하고 기도하면서 하나님께서 원하시는 방향으로 순종하며 나아갔다.

03. 교육 전도사가 필요하다

일산 모임은 상가 지하 교회 건물에서 예배를 드렸는데 그곳은 예배실 공간을 반으로 나누어 어린이들이 예배드릴 수 있는 공간도 있었다. 그동안 아이들이 어렸기 때문에 예배 시간엔 그냥 자연스럽게 놀 수 있도록 방치하고 있었는데 이제 아이들에게도 예배와 신앙교육이 필요한 시점이 되었다.

예전에 함께 사역했던 여자 전도사님이 계셨는데 그분이 다른 교회에서 사역하시다가 지금은 쉬고 계셨다. 그분과 만나서 우리 교회 비전을 나누고 함께 해주시기를 부탁드렸다. 기도 해보겠다고 하셨고 몇 달 안 되어 우리와 함께 예배를 드리게 되었다.

어른들이 예배를 드릴 때 바로 그 옆 예배실에서 아이들도 함께 예배를 드리게 되었다. 교육 전도사님이 부임하신 후 교회는 조금 속도가 붙기 시작했다. 자연스레 회의도 하게 되었고 여러 가지 파트들도 신경을 써야 했다. 전도사님이 함께 도와주시고 참여하시는 모임들도 많아졌고 온라인과 SNS사역에도 동참하여 시너지 효과가 생겼다.

우리 교회가 감당해야 할 몇 가지 팀사역이 필요한 시점이었다. 필요한 사역에 맞는 팀들을 꾸리고 거기에 팀리더는 사역자 중에서 팀장은 평신도 리더 중에서 선출하여 세웠다. 카톡방으로 만들고 그 사역에 관심 있는 팀원들까지 함께 구성했다. 이후 각 팀별로 여러 가지 사역들이 꽃을 피우고 열매를 맺게 되었다. 지금은 팀사역이 많아져서 15개 정도 되는데 각 팀별로 명확히 해야 할 사역들이 존재한다. 그해 여름에는 부목사님 가정을 모셨고 그해 겨울에는 간사를 세웠다. 공동체 모임들도 지역별로 몇 개 더 생기게 되었다.

04. 교회 이야기를 책에 담다

3년차 여름엔 우리 공동체의 꿈과 비전을 책으로 출간했다. 그리고 그렇게 꿈꾸던 대로 3년차 가을에 카페를 인수하게 되었다. 숙대 후문 쪽에 있는 작은 카페를 인수하여 [몽루]라고 이름 짓고 운영하기 시작했다. 공동체가 카페를 운영하는 것은 개인보다 더 수월하고 여러 가지 장점을 가지고 있다. 우린 이미 오래전부터 준비한 게 있었기 때문에 즐겁게 운영해 나갈 수 있었다. 그리고 연말에는 일산에서도 카페를 인수 할 수 있게 되었다. 덕이동에 카페를 인수하고 [커피상자]라는 이름을 짓고 운영하며 일산 상가 교회도 여기로 이전하게 되었다.

이제 정말로 카페 교회가 된 것이다. 이전 감사 예배를 드리며 우리 공동체 모두가 기쁨과 감사로 가득했다. 이미 카페 1호점을 통해 경험을 갖고 있었기에 2호점을 준비하고 진행하는 것은 더 빠르고 쉬웠다.

4년차가 시작되면서 교회의 여러 가지 사역팀들이 세상으로 플로잉하는 방법을 모색하기 시작했다. 전문적인 사역들은 사업자 번호를 내고 실제적인 비즈니스 사역의 장으로 확장했다. 그리고 함께 교회 공동체를 이끌어 가기 시작했다.

카페 인수와 운영, 그리고 그 이후의 이야기를 묶어서 두 번째 책도 출간했다. 페이스북과 여러 매체를 통해서 우리 교회의 사역이 소개되기 시작했고 다양한 분들이 카페로 찾아와서 상담과 컨설팅을 하게 되었다. 현재는 7개의 공동체가 각 지역에서 예배드리고 있으며 15개의 사역팀이 함께 의미 있는 사역을 하고 있고 4개의 사업체와 NGO가 운영되고 있다.

아웃리치로 시골 교회를 돕는 사역은 계속되고 있으며 올해는 말레이시아로 첫 번째 단기 선교를 다녀왔다. 말레이시아에는 동기 선교사가 10년째 선교하고 있다. 먼저 답사를 다녀왔는데 현장에 가보니 미얀마에서 70만 명이 난민으로 넘어와 있었다.

동기 선교사가 미얀마 난민 자녀들을 위한 UN 난민 학교를 다섯 지역에 세우고 미얀마 청년들과 함께 사역 하고 있었다. 그것을 보며 마음 한곳이 뭉클했다. 우리도 그 사역에 도움을 주면 좋겠다는 생각이 들었다. 그래서 아직 개척 교회이지만 함께 힘을 모아 단기 선교를 다녀온 것이다. 다녀와서도 계속 응원하고 도와주고 함께 기도하려고 한다. 현장에서 사역하시는 많은 선교사님들에게 힘이 되었으면 하는 바람도 있다. 단기 선교를 다녀온 것도 우리에겐 기적 같은 일이다.

새로운 교회 공동체를 통해서 많은 신학생들과 목회자들에게 도움이 되기를 바란다. 예전처럼 건물만 덩그러니 세우고 월세 내며 교인들이 찾아오기를 기다리는 시대는 지났다. 이제는 교인들에게 찾아가야 하고 건물이 아니라 공동체를 먼저 세우는 게 중요한 시대이다.

사람을 세우는 일이 중요하다. 예수님이 제자들을 세우는 일에 주력하셨던 것을 주목 해보면 좋겠다. 우리 교회도 아직 시작에 불과하다. 앞으로 갈 길이 멀지만 공동체와 함께 기도하며 나아가고 있다. 목회자로서 사실 함께 신앙생활하고 마음을 나눌 수 있는 공동체가 있다는 것은 참 든든한 일이다.

05. 젊은 세대를 공략하라

우리 교회는 젊은 세대를 포커스로 사역하고 있다. 교육 목사로 여러 교회에서 사역하다 보니 젊은 세대에 대한 깊은 관심과 안타까움을 가지게 되었다. 그래서 그들을 이해하고 도와주고 인도하는 목회를 하려고 노력하고 있다. 기존 교회에서 젊은 세대는 일주일에 한번 모임으로 충분히 신앙생활을 해 왔다. 그런데 이들이 성인이 되면서 어른 예배 시스템으로 들어가야 할 텐데 진입 장벽이 높았다.

모임의 횟수도 그렇지만 여러 가지 상황들도 만만치 않다. 그래서 낙오하거나 쉬는 경우가 많은데 그런 젊은 세대를 붙잡고 쉽게 신앙생활을 할 수 있도록 도와주어야 한다. 그들을 이해하고 필요를 채워 주고 기도해 주는 목회자가 된다면 어떨까? 교회가 역동성을 가지고 그들의 달란트를 따라 섬길 수 있는 공간을 마련해 준다면 얼마나 좋을까?

요즘 젊은 세대는 교회를 떠나고 있다. 교회나 목회자는 사회적으로 부정적인 평가를 받고 있다. 세상에 쓰러지고 인터넷에 노출되었으며 스마트폰에 중독된 이 세대에게 교회가 복음을 가지고 접근해야 한다. 사실 교회라는 공간은 그들에게 부정적인 이미지가 강해서 전도하기가 쉽지 않다. 교회 문턱을 넘기도 어렵다. 이전처럼 교회로 찾아오라고 하는 식의 전도는 개인적이고 부정적인 그들에게 더 이상 통하지 않는 것처럼 보인다.

이제 그들이 어디에 머물고 어느 공간에 쉽게 찾아가는지를 분석해야 한다. 그러면서도 그 공간이 교회 공동체가 머물기에도 역시 좋아야 한다. 일주일 내내 텅텅 빈 교회 공간을 보는 것 보다 더 많은 사람들이 자유롭게 왕래할 수 있는 살아 있는 공간으로 만들어야 한다. 그래서 선택한 공간이 바로 카페이다.

카페에서는 서로 마주보고 앉게 된다. 누군가는 말을 하고 누군가는 자연스럽게 듣게 되는 것이다. 카페는 음악이 흐르고 조명이 있고 편안함과 쉼이 있다. 그런 공간이라면 누구라도 마음 문이 쉽게 열리게 된다. 그곳에 예배를 담을 수는 없을까? 공동체가 함께 찬양하고 기도 할 수는 없을까? 너무 원색적인 교회 느낌을 지우고 심플하고 간소하게 그들의 삶에 접근한다면 어떨까? 교회의 새로운 전도 전략이 세워져야 할 부분이다.

06. 봉사의 기회를 만들어라

젊은이들에게 맞는 봉사 활동을 행사로 기획했다. 아웃리치와 단기선교 같은 행사가 그들에게 필요하고 함께 참여할 만한 행사이다. 교회 내부적인 소모성 행사에서 벗어나 실제적인 후원과 돕는 행사를 기획하는 게 중요하다.

힐링캠프는 1박2일 행사로 진행된다. 교인들이 오랜만에 함께 모이는 자리이기도 하고 귀한 교제를 나누는 시간이기도 하다. 야외에서 함께 맛있는 음식도 먹고 이야기도 나누며 즐거운 시간을 갖는다. 주일 예배 때만 만나는 정도로는 친밀한 공동체가 되기가 어렵다.

힐링캠프를 통하여 서로 친숙해져서 한 가족처럼 함께 기도하며 신앙 생활하는 좋은 기회가 된다. 자연스럽게 서로 섬기게 되고 즐겁고 여유 있는 시간을 보내며 좋은 추억을 갖게 된다.

그리고 성경 한 단원을 선택하여 통독하며 강해하고 서로 은혜 받은 말씀을 나누게 된다. 말씀을 깊게 볼 수 있고 다른 교인들의 생각도 들어보며 은혜 받을 수 있는 좋은 시간이다. 몸과 영혼에 힐링을 주는 그런 시간이 되기를 소망하며 캠프를 진행하고 있다.

아웃리치는 시골 교회를 방문하여 청소, 도배, 벽화 등 여러 가지 모습으로 봉사를 한다. 시골 교회에서 목회하시는 목회자를 응원하고 함께 기도 해주며 실제적인 섬김 사역을 하는 시간이다. 지금까지 삽시 제일 교회, 풍정 교회, 주교 은혜 교회, 재정 교회, 청라 제일 교회, 길벗교회를 섬겼다. 항상 우리가 섬기러 가지만 도리어 더 큰 섬김과 대접을 받고 돌아오게 된다. 하나님의 사랑과 은혜는 나눌수록, 섬길수록 더 커지는 것 같다.

시골 교회는 할아버지, 할머니들에게 복음을 전할 수 있는 마지막 기회이며 건강한 신앙생활을 하시게 도와드리는 귀한 사역의 장소이다. 시골 교회와 사역자들을 위해서 함께 섬기고 도와줄 수 있는 의미 있는 봉사가 되기를 항상 바라고 있다.

'우리 교회도 힘든데 어떻게 다른 교회를 도와줄 수 있을까?' 라고 생각할 수 있다. 하지만 지금도 도와줄 수 없다면 나중에 큰 교회가 되어도 도와주기 어렵다고 생각한다. 지금의 여건에 맞게 계획하여 도울 수 있다면 그것으로 충분히 의미가 있는 일이라 생각한다. 아웃리치는 시골 교회에서 이름도 빛도 없이 사역하시는 목회자들을 응원하고 섬길 수 있는 의미 있는 봉사 활동이다. 교회 일원 모두가 재능과 뜻을 모아 섬기는 것을 너무나 기쁘게 생각하며 즐겁게 감당하고 있다.

아웃리치는 매년 계속해서 진행하고 있다. 시골 교회를 장기적이며 지속적으로 후원하고 돕는 사역을 감당하고 있다. 벌써 일곱 번이나 아웃리치 행사를 진행하였다.

단기 선교는 선교지를 방문하여 선교사님들을 후원하고 돕게 된다.

지금은 말레이시아를 선택하여 매년 지속적으로 선교를 할 수 있도록 준비하며 진행하고 있다. 특별히 UN난민학교와 연결하여 아이들과 놀아주기도 하고 낙후된 학교를 보수하기도 하면서 사역하고 있다.앞으로도 여러 나라들을 섬기는 교회가 되기를 바란다. 우리보다 더 어려운 나라에 직접 찾아가서 복음을 전하는 교회가 되기를 소망하고 있다.

선교지의 현지상황에 적응하고 그들의 필요에 따라 도움을 주며 복음을 증거하고 선한 영향력을 흘려보내는 사역이 필요하다. 현지 한인들에게도 함께 응원하는 시간이 되고 우리 젊은이들에게는 귀한 비전을 품게 되는 시간이 되기도 한다.

말레이시아 단기 선교는 현지에 미얀마 난민 70만 명과 원주민을 대상으로 하는 선교이다. H 선교사님과 함께 5개 UN 난민 학교와 원주민 마을 선교를 중심으로 진행하고 있다. 말레이시아 선교는 장기적이고 지속적인 사역이 될 수 있도록, 그 땅에 카페 교회를 세우기까지의 비전을 품고 기도하며 진행하고 있다.

Chapter 2 교회가 세워지는 이야기

01. 핵심 가치: 교회 방향성과 결정의 기준이 된다

① Easy (쉬움): "쉽게 설명할 수 있는가?"

　: 복음은 누구에게나 쉽게 전달되어야 한다. 말씀도 이해하기 쉬워
　야 한다. 종교적인 언어로 가득한 어려운 교회가 아니라 누구나
　쉽게 이해하고 참여하도록 쉬운 교회가 되어야 한다.

　- 교회의 시스템을 쉽게 이해하고 말씀과 나눔의 시간이 어렵지
　　않아야 한다. 누구에게나 쉬운 복음을 들고 찾아가야 하며 쉽
　　고 편한 공동체가 되어야 한다.

② Simple (단순함): "군더더기 없이 단순한가?"

　: 교회의 모든 시스템은 심플해야 한다. 복잡한 설명과 이해가 필

요한 구조가 아니라 누가 보더라도 단순하게 운영되어야 한다.

– 복잡한 주보와 PPT를 없애고 페이스북과 SNS를 활용하여 단
순한 구조로 진행하고 있다. 15개 사역팀도 심플한 구조로 카
카오톡방에서 회의하며 활동하고 있다.

③ Joyful (즐거움) : "재미있고 즐거운가?"
　 : 신앙생활 하는 것이 즐거워야 한다. 비전을 향해 가슴 뛰는 열정
이 있어야 한다. 예배와 나눔으로 은혜를 받고 봉사와 후원에 기
쁨으로 참여해야 한다.

– 젊은 세대와 함께 열정을 가지고 비즈니스 미션을 진행 중이
다. 즐거운 마음으로 함께 도전하며 달란트를 남기고 있다. 신
앙생활도 주님과 동행하는 모험 같은 즐거움이 있어야 한다.

02. 진정한 교회는?

교회는 건물이 아니고 사람이라는 현실을 깨닫게 되었다. 사람들을 향한 목회가 되도록 신경을 써야 한다. 독불장군 식의 목회가 아니라 그들과 소통하며 필요를 인식하고 그에 따른 계획적인 목회가 필요하다. 교회는 교인들을 예배당 안에만 가두려고 해서는 안 된다.

그들을 세상으로 보내야 한다. 정말 교회가 해야 할 역할은 교인들을 세상의 빛과 소금으로 만드는 것이다. 건물과 다수의 모임에만 집착하기 보단 실제적인 나눔과 소통으로 교인들에게 건강한 신앙 의식을 갖게 해줘야 한다.

교회 건물은 평일에도 활용이 가능해야 한다. 죽은 건물처럼 주일에만 반짝하는 공간이라면 고민해 봐야 한다. 공간을 어떻게 활용하여 평일에도 많은 사람들이 사용할 수 있도록 할 것인지 고민해 봐야 한다.

모두가 카페를 할 필요는 없다. 다른 방법도 많다. 목회자의 관심과 달란트에 맞도록 공동체와 함께 상의해서 적당한 방법을 모색해야 한다. 공동체가 자발적으로 참여하면서 함께 만들어 간다면 무엇이든 못할게 없다.

03. 설교의 중요성

목회자의 설교는 항상 일방적이다. 성도들의 이야기를 들어본 적이 있는가? 최소한 성도들의 이야기를 듣고 그에 맞게 설교를 준비해야 하지 않을까? 따로 시간을 갖기에는 피차 어렵다. 가능하다면 교회에 왔을 때 소통하는 시간을 만들어 주는 것이 좋다. 함께 이야기를 나누고 소통하는 것은 앞으로의 목회에 필수적인 요소가 될 것이다.

대형 교회처럼 영화 보는 형태로 끝내는 예배 모임이 아니라 참여하고 소통하는 목회가 되어야 한다. 그들의 필요를 채워 줄 수 있는 그리고 답답한 속내를 들어줄 수 있는 교회와 공동체가 되어야 한다.

현학적인 이야기만 늘어놓거나 정치와 개인적인 집안 이야기로 가득한 설교는 앞으로 더 이상 통하지 않을 것이다. 교인들의 삶과는 거리가 먼 이야기를 설교라고 포장하기 보다는 정말 성경에 대한 이야기를 쉽게 풀어 주고 그들의 삶에 적용할 수 있도록 설명해 주는 심플한 형태가 되어야 한다. 누구든지 알아들을 수 있는 설교가 되어야 한다.

젊은 세대의 크리스천들은 성경에 대해서 듣기를 원한다. 예화 투성이 설교는 그들에게 동떨어진 세계의 이야기처럼 들릴 때가 많다. 그리고 어렵게 원고를 보며 설교하기 보단 눈을 보며 쉽게 전하는 설교가 더 효율적이다. 청중이 누군지에 따라서 그들에게 맞는 방식으로 설교하고 인도해야 한다.

04. 섬기는 목회

부 교역자로 사역할 때 느꼈던 안타까움은 교회마다 제대로 된 소그룹 리더가 없다는 사실이었다. 대부분은 하기 싫지만 어쩔 수 없이 소그룹 리더로 세워지는 경우가 많다. 더구나 목회자는 바쁜 일정으로 인하여 소그룹 리더로 그 자리에 있기조차 어려울 때가 많다. 만일 목회자가 모든 소그룹에 리더로 존재 할 수 있다면 어떻게 될까? 교인들과 소통하며 상담과 멘토링을 충분히 해줄 수 있는 상황이 될 것이다. 이렇게 되면 교인들과 유대 관계가 생기고 주치의처럼 그들의 필요와 신앙의 여정에 대해서 깊이 있게 공감 하게 될 것이다.

그래서 우리 교회는 예배를 짧게 끝내고 이어서 교인들과 나눔을 하는 시간을 가지고 있다. 그 자리에서 함께 삶을 나누고 중보 기도를 부탁한다. 교인들의 삶에 대한 이야기도 듣고 그들의 기도 제목도 알게 되면서 피상적으로만 목회를 하는 게 아니라 실제적인 삶의 현장에서 목회를 하고 있다는 느낌을 받게 되었다. 교인들을 위해서 눈높이를 맞추고 그들의 목소리에 귀 기울여 줄 수 있는 목회가 필요한 시대라고 생각한다.

교인들의 다양한 직업군으로 인하여 예배 시간을 조율하기 힘든 시대가 되었다. 뿐만 아니라 로컬처치로 교인들에게 찾아오라고 강요하는 시대도 지났다. 이제는 좀 더 개인적으로 찾아가서 전할 수 있어야 한다. 사도바울처럼 세상 사람들에게 찾아가는 목회가 필요해진 시대이다. 섬김의 마음으로 얼마든지 두세 사람이 모인 곳에 찾아가서 함께 예배드리고 나눌 수 있는 그런 목회를 소망하고 있다.

05. 팀사역

　새로운교회 팀사역은 사역자 팀리더와 평신도 리더 팀장으로 카톡방을 구성하고 거기에 해당 사역에 관심과 달란트를 가진 팀원들을 포함하여 사역이 진행된다. 기본적으로 오프라인에서 만나지 않고 온라인 상에서 대부분의 회의와 준비가 끝나는 형태이며 몇 개의 팀사역은 특수성으로 인해 만나서 진행하기도 한다.

　1) 기획팀(최혁기목사+김일연팀장) - [STORM]
　　－ 새로운교회 총괄적인 비전과 사역방향에 대한 기획
　　－ 인터넷 사역 총괄 및 홍보 사역
　　－ 조은디자인[홈페이지/블로그 사업] 운영

　2) 교육팀(심현지전도사+이호연팀장) - [ALIVE]
　　－ 교육부 예배 담당 및 운영
　　－ 새로운 어린이 예배 및 교육 시스템
　　－ 대안학교에 대한 준비

　3) 캠퍼스선교팀(최혁기목사+윤소라팀장) - [뉴캠]
　　－ 평일 대학교 예배모임 담당 및 운영(윤정석목사, 신동현목사, 이창성목사)
　　－ 기독교동아리로 학교에서 전도 및 양육(웨슬리미션 연대)
　　－ 숙대, 이대, 홍대, 연대, 서강대, 숭실대 등으로 확장

4) 중보기도팀(최수현목사+최은혜팀장) - [UPDREAM]
  - 지역 모임들의 기도제목을 전체 카톡방에 공지하고 중보함
  - 중요한 기도제목을 공지하고 중보를 요청

5) 행사팀(최혁기목사+윤용집팀장) - [ATOOLS]
  - 아웃리치, 힐링캠프, 단기선교등의 행사 준비 및 진행
  - 교회행사에 대한 총괄 및 홍보 참여유도

6) 카페팀(최혁기목사+최현아팀장) - [NEW CAFE]
  - 지역모임들의 카페 인수와 진행 총괄
  - 카페 운영과 카페 홍보의 총괄
  - 카페 1호점(몽루), 카페 2호점(커피상자)
  - 바리스타 교육/자격증

7) 사업팀(최재철목사+민예은팀장) - [BaM]
  - 비즈니스 사업체 총괄 관리 및 제안
  - 신규사업 타당성, 선교의 전환, 진행 관리

8) 큐티팀(최혁기목사+김남훈팀장) - [프리큐티]
  - 매일 단체 카톡방에 요일별 담당자의 큐티섬김
  - 말씀 캘린더를 사진과 함께 공유함
  - 큐티앱 말씀 및 자료 준비, 큐티 월간지 준비

9) 찬양팀(전상일전도사+오준수팀장) - [애플쥬스]
 - 찬양영상 컨텐츠를 제작하여 유튜브 공유와 예배 찬양에 활용
 - 찬양팀 세션 모집 및 연습
 - 앨범작업 및 버스킹 준비

10) 문서팀(최재철목사+고윤환팀장) - [새로운길 출판사]
 - 크리스천 청년들을 향한 정기간행물(온라인 월간지) 사역
 - "새로운길 출판사"를 통해 교회이야기와 다양한 출판사역
 - "ROAD" 크리스천 월간지, 아웃리치 포토북 제작

11) 선교팀(최혁기목사+이선미팀장) - [러브월드 NGO]
 - 국내 시골교회 및 작은교회 선교사역
 - 국내, 해외 빈민, 인권, 다문화 사역
 - 말레이시아 UN난민학교와 카페 공동체 사역

12) 방송팀(최재철목사+정택광팀장) - [뉴캐스트]
 - 팟캐스트/팟빵 설교방송, 토크쇼방송
 - 찬양팀 영상 촬영 및 편집, 유튜브 공유
 - 그외 영상 컨텐츠 제작 사역

13) 목공팀(최재철목사+이한용팀장) - [좋은나무]
 - 주문제작, 목공쇼핑몰 운영
 - 인테리어 소품, 교회 용품, 카페 용품 제작
 - 아웃리치, 단기선교 기증 물품 제작

14) 도서관팀(최혁기목사+심현지팀장) - [새로운도서관]
  - 작은도서관 운영
  - 책과 만화등을 구입 및 비치
  - 독서 모임 운영, 저자와의 만남, 공개강좌 구성

15) 나눔팀(최혁기목사+이호연팀장) - [선한이웃]
  - 교인과 교회, 단체를 통한 기증 받은 옷을 진열하여 판매
  - 판매된 수익금을 지역사회와 선교 및 후원으로 사용
  - 옷을 포함한 기타 물품등도 함께 진행

06. 비즈니스 목회

요즘 선교지에 가보면 많은 선교사님들이 비즈니스 미션에 대한 부분을 이야기 하고 있다. 예전과 다르게 경기 불황으로 인한 후원금 조달이 어려워지자 선교지에서 생존에 대한 부분이 대두되고 있는 것이다.

선교사로서 그 지역에서 오랫동안 자리를 유지할 수 있다면 그로 인해 결국 복음을 전하고 영향력을 미치며 더 많은 예수님의 제자들을 길러 낼 수 있을 것이다. 그래서 비즈니스 미션에 대한 관심이 집중되고 복음 전파와 선교를 위해서 사도바울의 텐트메이커 정신을 계승하는 것이다.

마찬가지로 한국 교회에서 작은 개척 교회들의 현실 역시 별반 다르지 않다. 작은 교회들이 지역사회에서 오래도록 유지되고 자리매김 할 수 있는 대안과 방법이 필요하다. 그런 면에서 선교지와 별반 다를 것 없는 작은 교회들의 내 외부의 환경 탓에 비즈니스 목회, 비즈니스 교회라는 필요성과 요구들이 생겨나게 되었다. 교회 공동체가 함께 생존의 목적을 위해 그리고 교회 공동체의 유지를 위해 비즈니스를 검토해야 한다.

기존 교회에서 이미 여선교회 바자회 형태로 존재했던 비즈니스를 이젠 구체적으로 이 시대에 맞고 교인들의 달란트에 맞도록 적용해야 한다. 목회를 신성한 영역으로 구분하여 비즈니스를 터부시하기 보다는 복음 전파와 선교, 그리고 공동체를 위한 유용한 수단으로서 오히려 귀하게 봐야 한다. 그렇게 생각하고 보면 교회는 할 일이 많아진다. 그런 면에서 카페를 포함하여 다양한 방법의 비즈니스를 교회 안으로 가져올 수 있다. 이 부분에 대해서 함께 교인들과 고민하고 방향성을 모색해 보는 것이 중요하며 앞으로 작은 교회들이 살아날 수 있는 새로운 대안이 아닐까 생각한다

01. 새로운 교회의 사명

: 우리 교회의 존재 목적이며 앞으로 함께 가야 할 방향성이다.

① 건강한 교회를 세워라!

　: "내가 너로 큰 민족을 이루고 네게 복을 주어 네 이름을 창대하게 하리니 너는 복이 될지라."(창12:2)

　– 건강한 교회를 세우고 잃어버린 영혼들을 건지는 사명을 가지고 있다. 목회에 대한 새로운 스타일과 방향성을 보여주고 또 하나의 길이 되는 교회가 되어야 한다. 주님의 은혜로 교회가 세워지고 그 은혜가 더 많은 교회들에게 흘러가도록 쓰임 받아야 한다.

② 다음 세대 젊은이들을 전도하라!

: "내가 너를 이방의 빛으로 삼아 너로 땅 끝까지 구원하게 하리라."(행13:47)

- 다음 세대 젊은이들을 전도하고 가르쳐 세상 속으로 보내는 사명을 가지고 있다. 다음 세대 속으로 들어가 그들과 접촉점을 가지고 예수님을 전해야 한다. 그들의 눈높이로 다가가야 한다.

02. 새로운 교회의 비전

: 사명에 따른 실제적인 실천 방향이다. 공동체의 상황과 단계에 따라 적절한 비전과 방향이 설정된다.

① 지역별 공동체를 만들어라.

: 여러 지역에 공동체를 세우고 네트워크로 연결하여 비전을 향해 나아가며 함께 행사를 하고 중보기도하는 교회이다. 한 지역에 고정된 로컬 처치가 아니다. 건물 보다 사람이 더 중요하기 때문에 멤버십을 중심으로 교회 공동체를 세워 가고 있다. SNS를 활용하여 젊은 세대와 소통하는 교회이다.

– 현재 서울, 인천, 일산, 사업체, 병원, 캠퍼스 등 7개의 모임이 진행되고 있으며 앞으로 국내 30개 지역 모임과 해외 10개의 나라별 모임이 세워지도록 기도하고 있다.

② 카페 교회를 세워라

: 먼저 예배공동체를 세우고 카페를 인수 할 수 있을 때 카페교회를 세워야 한다. 로컬처치로서 지역주민들과 소통할 수 있는 카페, 캠퍼스 사역을 할 수 있는 카페, 젊은 세대와 소통할 수 있는 카페 등 다양한 방향성으로 준비해야 한다.

모두에게 열린 장소로 다가갈 수 있고 교회의 비전을 함께 공유할 수 있는 카페가 되기를 바란다. 교인들이 바리스타로 일하고 친구들이 손님으로 찾아오고 성경 공부도 편안하게 할 수 있는 그런 카페를 꿈꾸고 있다.

교회 건물을 일주일간 텅 빈 장소로 사용하기 보다는 카페를 통해 일주일간 열린 장소로 활용하기 바란다.

- 새로운 카페 1호점 [몽루] 운영(서울모임), 새로운 카페 2호점 [커피상자] 운영(일산모임), 3호점(인천모임)은 준비 중이다. 앞으로 각 지역 모임별로 카페를 운영할 예정이다.

③ 캠퍼스 선교로 들어가라.
: 젊은 세대가 교회를 떠나는 상황에서 도리어 캠퍼스로 들어가 대학생들과 만나고 양육해야 한다. 결국 그들이 다음 세대에 선한 영향력을 주게 될 것이며 다음 세대를 이끌어가는 리더들로 성장해 갈 것이다. 등록금, 공부와 취업이라는 문제로 쉽지 않은 캠퍼스 생활을 위해 함께 예배하고 기도해 주는 공동체가 필요하다.

- 웨슬리 코칭클럽이라는 캠퍼스 선교 단체를 준비하고 있다. 학교별 동아리로 정착시켜 캠퍼스 현장에서 공감하는 예배로 진행될 예정이다. 앞으로 숙대, 이대, 숭실대, 연대, 홍대 등으로 들어가길 기도한다.

④ 비즈니스 교회를 시작하라.

: 교회 공동체가 비즈니스를 통해 선교해야 한다. 여선교회에서 진행하는 바자회 정도의 소규모 비즈니스 뿐만 아니라 이제는 청년들의 일자리와 창업이라는 시대적인 키워드에 답할 수 있는 교회가 되어야 한다.

우리 교회는 사역팀들의 전문성에 맞게 사업을 진행하도록 적극 지지하고 있다. 비즈니스 목회, 비즈니스 교회로 지역사회에서 자리를 잡고 복음과 선교의 사명을 지속적으로 감당할 수 있는 교회가 되기를 소망한다.

- 카페, 출판사, 홈페이지/블로그 업체, 디자인 업체, NGO등을 운영하고 있고 앞으로 협동조합, 사회적기업, 학원, 마트, 해외 직구, 로스팅등 다양한 비즈니스를 운영할 예정이다.

⑤ 대안학교로 차세대 리더를 준비하라.

: 다음세대를 새롭게 교육하고 그들에게 더 많은 방향성을 경험하고 비전을 품도록 교육해야 한다. 어릴 때부터 주체적인 신앙을 갖도록 신앙교육이 필요하고 인성과 성품을 가르쳐서 민족과 열방을 품고 세계를 바라보는 차세대 리더로 키워내야 한다. 교회 공동체가 로컬 사역과 선교 사역을 감당하면서 동시에 다음세대를 양육하는 교육에도 투자해야 한다.

초등과정 대안학교를 준비하여 시작하려고 한다. 앞으로 다양한 대안학교의 방향성을 꿈꾸며 기도하고 있다. 모세와 여호수아 같은 차세대 리더들이 세워지기를 꿈꾸고 있다.

- 현재 초등과정 대안학교를 준비하고 있고 앞으로 학부모설
명회를 진행하여 내년부터 시작하게 될 예정이다. 초등과정
이 시작되면 자연스럽게 중등과정과 고등과정까지 진행될 것
이다.

03. 믿음으로 실행하라

우리 교회 이야기에 도전을 받고 찾아와서 함께 이야기를 나누는 경우가 많은데 대부분의 반응은 참신하고 좋다는 반응이다. 하지만 그분들 중에 대다수가 실행에 옮기지 못하는 경우가 많다. 심지어 리셋 되는 경우도 많다.

어떤 대단한 준비를 완벽히 마친 후 개척 교회를 시작하면 참 좋겠지만 그렇게 준비가 되기까지는 참 오랜 시간이 필요하다. 결국 준비는 제대로 되기가 어렵고 개척도 못하고 끝나는 경우가 일반적이다.

준비도 중요하지만 준비만 하다가 시작도 못한다면 그것보단 시작하고 준비해 나가는 것도 방법이 될 수 있다. 아무리 여러 가지 이야기를 듣고 준비한다고 해도 실제 현장에서 경험으로 얻게 되는 수많은 상황들은 글로만 배워지는 게 아니다. 결국 부딪혀 봐야 무게감을 느낄 수 있고 부족함을 깨닫게 되고 머릿속의 이론이 전부가 아니라는 것을 알게 된다.

그때부터가 바로 시작인 것이다. 믿음의 용기를 가지고 그냥 실행해 보면 어떨까? 시작하면 그 다음은 어떻게 인도해 주실까? 무슨 일이 생길까? 이런 질문들에 가슴이 뛰고 호기심이 생기는 열정이 생긴다면 주저하지 말고 다른 사람의 판단에 신경 쓰지 말고 도전해 보기를 바란다.

문제없이 시작하는 경우는 없다. 그리고 어렵게 시작해야 나중에 할 말도 많은 법이다. 믿음으로 나아가라. 도전하라.

"Why not change the world?"

PART 2
새로운 대안학교를 만들어라

"선교에 대한 마인드를 가지고 어떻게 도와줄까만을 고민하다보니 결국 우리 안에 교육의 필요성이 대두되었다. 그리고 그 생각은 다음세대를 이끌 수 있는 리더들을 가르쳐야 한다는 대안학교까지 나아가게 되었다. 그러고 보니 교회가 무엇을 해야 하는지 선명해졌다. 바로 교육과 선교라는 구도로 말이다."

Chapter 1
대안학교
이야기

01. 대안학교의 마음

구약성경에 등장하는 대단한 리더가 있다. 모세라는 인물이다. 그는 어린 나이에 이집트 왕가에서 왕자로 성장했다. 그가 자라나면서 받았던 특별한 교육은 왕이 되기 위한 방향성을 가지고 진행되었을 것이다. 30대에 이미 군대의 리더가 되어 전쟁을 치르기도 했고 자신의 민족에 대해서 애틋한 마음을 품기도 했다. 경비를 죽이고 모래 구덩이에 파묻을 정도로 동포애가 대단했고 사람을 손쉽게 죽일 정도로 괴물 같은 존재가 되어 버렸다.

이 시기에 그의 가치관이 참 중요했는데 아쉽게도 세상적이었기 때문에 버림받고 쫓기는 신세가 되어 광야 속으로 도망가게 된다. 장래가 촉망받던 이집트의 왕자가 출생의 신분으로 인해 자신의 민족을 알게 되고 애국심 때문에 손써볼 겨를도 없이 감정에 휩싸여 사람을 죽이게 되는 것이다. 그렇게 극단으로 치닫는 상황 속에서 결국 광야 속으로 사라지게 된다. 만일 그에게 괜찮은 멘토가 있었다면 어땠을까?

그의 인생을 다시 바라보게 만들어주고 선한 방향성을 제시해 주는 상황이 되었다면 어땠을까? 그 후로 광야에서 40년간 무명인으로 살아가는 모세를 바라보며 그 인생의 가장 답답한 시기에 하나님을 찾을 수밖에 없었던 그의 삶이 애잔하게 다가온다.

하나님께서는 특별한 부르심으로 모세를 깨우신다. 80세가 다 되도록 패배주의와 두려움에 사로잡혀 살아가던 모세에게 소망과 용기의 횃불을 쥐어 주신다. 하지만 여전히 모세는 자신의 힘으로는 **빠져 나올 수 없었기에** 하나님께서 그의 손을 잡아 주시고 끌어내 주신다.

그리고 결국 세상으로 다시 나와서 담대하게 이집트의 바로왕 앞에 서게 된다. 다시는 가고 싶지 않았고, 다시는 서고 싶지 않았으며, 다시는 민족을 위해 나서고 싶지 않았던 그의 40년간의 트라우마를 정면으로 돌파하게 된다.

숨어 지내며 살았던 그의 답답한 시간 속에서 하나님은 다시 불러내시어 민족의 해방이라는 무거운 책임을 지게 하시고 그 뒷감당을 맡아 주신다. 모세는 하나님께서 시키시는 대로 순종하여 바로왕 앞에 담대히 10가지 재앙에 대해 선포한다. 그때마다 모세의 말, 즉 하나님의 말씀에 전혀 아랑곳하지 않는 바로왕을 바라보며 안타까움을 느낀다. 그리고 결국 수많은 재앙이 이집트 땅에 진행된 후에야 비로소 이스라엘 백성들은 해방의 날을 맞이한다.

결국 민족과 민족, 신과 신의 싸움이었다. 모세가 일찌감치 받았던 교육과 리더십은 이제야 비로소 빛을 발하며 이스라엘 민족의 인도자가 된다. 광야인생 40년간 민족의 노예근성을 바꾸어 하나님의 거룩한 백성들로 변화시키기 위해서 부단히도 노력하며 나아간다. 결국 그 세대는 다죽고 다음세대만이 약속의 땅에 당도하게 되지만 그래도 모세의 리더십이 아니었다면 그렇게 되는 것도 쉽지 않았을 것이다.

모세는 광야에서 40년간 이스라엘 백성들을 이끄는 지도자로서도 역할을 다 했지만 다음세대의 리더를 키우는 일에도 주력했다. 바로 여호수아를 키워낸 것이다. 여호수아는 노예 출신이지만 모세의 바로 옆에서 여러 가지를 배우며 성장 할 수 있는 기회를 가졌다. 모세는 이집트 왕가에서 특별한 교육을 받았고, 그뿐만 아니라 광야에서 홀로 배울 수 있었던 내면적인 부분까지도 그리고 신앙적인 부분도 고스란히 여호수아에게 물려 줄 수가 있었다.

따라서 여호수아는 평민 출신으로 모세라는 걸출한 리더의 영향을 제대로 받은 2인자로서 성장할 수 있는 축복을 누렸다. 그로인해 전체적인 방향성을 볼 수 있었고 적절한 판단을 할 수 있었고 하나님과 동행하며 그 말씀을 듣고 순종 할 수 있었다.

모세와는 또 다른 전혀 새로운 리더가 세워진 것이다. 이처럼 리더는 처음부터 존재하는 것이 아니라 상황과 경험, 그리고 훌륭한 멘토들을 통해서 만들어져가는 것이다. 그렇기 때문에 항상 후자가 더 뛰어날 가능성이 높다. 이미 선대의 노하우가 다음세대로 흘러가기 때문에 출발선이 다른 것이다. 그저 단순한 공교육처럼 일반적이고 대중적인 그래서 산업화 시대에 필요한 톱니바퀴의 일부 조각이 되기 위한 광범위한 상식 교육은 이제 한번 재고해 봐야 할 시점이 되었다.

앞으로의 리더는 단순히 역할과 능력만으로 평가 받고 인정받는 것이 아니게 될 것이다. 더 높은 도덕성과 윤리성, 종교성, 그리고 삶의 온전함까지도 준비해야 하는 시대가 되었다. 단순히 회사의 부품으로서가 아니라 범지구적인 세계를 바라보며 꿈을 키우고 준비해야할 시대이다.

나 한사람의 삶을 영위하는 것이 목적이 아니라 수많은 사람들을 위해 어떻게 도움을 주고 영향력을 줄 수 있을지를 고민해 봐야 하는 시대이다. 여호수아처럼 원래 갖고 있던 능력 보다 거기에 어떻게 배우고 무엇을 보는지, 어떤 멘토를 만나고 영향을 받는지, 어떤 세계를 경험하는지가 더 중요한 시점이 되었다. 여기서부터 대안학교의 필요성에 대한 고민이 시작되는 것이다.

이미 공교육이 갖게 되는 여러 가지 문제점들이 가시화 되고 있다. 아무래도 공교육의 천편일률적인 교육방식은 사회 일원으로서 단순화되고 보편적인 사람을 길러낸다는 장점도 없지 않지만 교육을 생산적 관점으로 보면 그만큼 불량품을 양산하고 있는 구조적 모순을 그대로 내포하고 있다.

학업에서 받는 스트레스, 열등감, 비교의식, 짐처럼 느껴지는 교과서, 왕따문화와 낮은 자존감, 자살문제 등은 이미 수대에 걸쳐서 공교육의 문제점으로 대두 되었다.

아이들 스스로 문제를 인식하고 해결하려는 능력, 스스로 세상을 바라보고 자신의 방향을 결정할 수 있는 능력, 상황과 현실을 인식하고 그 속에서 자신이 만들어 낼 수 있는 최선을 기획하는 능력, 한계를 뛰어 넘어 세상과 부딪히는 능력, 바로 이런 능력들을 가진 다음세대 리더들이 키워진다면 얼마나 귀한 일일까? 여호수아 같은 민족의 지도자들이 이 땅에 많아진다면 적어도 이 민족은 좀 더 소망이 넘치지 않을까? 적어도 범지구적으로 다양하게 활동할 선한 리더들이 세워지지 않을까? 바로 이런 리더들이 세워지기를 기대해 본다.

대안학교는 이미 수없이 많이 세워져있다. 하지만 각자 모두 다른 성향을 가지고 운영 중 이다. 각자 모두 잘하고 있겠지만 대안학교 등록금이 생각보다 저렴하지 않다. 물론 학교가 운영되기 위해서는 어쩔 수 없는 일이기도 하다. 그래서 결국 사립학교 같은 느낌의 대안학교가 많다. 돈이 되는 사람, 돈이 있는 사람들만 겨우 보낼 수 있는 정도이다.

사실 자녀를 향한 교육 열정은 한국에 있는 부모 치고 낮은 사람이 별로 없을 것이다. 하지만 경제적인 여건들이 그 열정에 발목을 붙잡고 있다. 우린 이 부분에서 답답한 마음이 들었다. 경제적인 문턱을 좀 더 현실감 있게 낮춰 준다면 어떨까? 그래서 보다 더 많은 가정들에게 자녀들의 교육을 위임 받을 수 있다면 어떨까? 가능하면 장학금 제도를 더 만들고 부담되는 포지션을 낮추되 좋은 선생님들을 모시고 특별한 커리큘럼을 통해서 가르치고 미션스쿨로 신앙도 갖게 되는 그런 대안학교라면 어떨까?

우리 공동체에서 갖고 있는 인적 자원을 통해서 재능기부 형태로 특강들이 이루어지고 역사탐방과 해외탐방의 기회를 자주 갖고 수많은 인문학 도서들을 읽으며 토론하고 발표하는 분위기로 교육해 간다면 새로운 세대를 길러낼 수 있지 않을까 생각했다.

우리 교회 공동체는 1년에 2회에 걸쳐서 시골 교회로 아웃리치를 가서 봉사하는데 이때 대안학교 아이들도 함께 참여하여 봉사를 체험할 수 있게 하고 말레이시아 단기선교를 함께 가서 유엔난민학교 아이들과 교류하고 봉사를 경험하게 된다면 참 좋은 기회가 아닐까 생각하게 되었다.

맞벌이 가정들이 많아진 요즘 초등 과정부터 일찍 끝나고 돌아온 아이를 맡길 곳이 없어서 여러 학원들에 맡겨야만 하는 현 상황에서 대안학교가 그 부분을 모두 감당해 준다면, 또 아이들의 정서적인 부분에서도 교사가 지속적으로 영향을 주고 담당 목사님이 영적인 부분을 가르치며 상담해 준다면 보다 아이들의 인격과 성품이 보다 훌륭하게 자리 잡게 될 것 같다.

요즘엔 가정에서 아이들의 학습능력이나 인성 부분을 가르치기가 쉽지 않다. 우선 부모가 모두 바쁘다. 저녁 식사를 준비하고 같이 식사하고 세탁기를 돌리고 청소를 하고 TV를 잠깐 보고 나면 벌써 자야할 시간이다. 다음날 부모는 어김없이 회사로 향하고 아이들은 학교로 향한다. 그리고 또 바쁜 하루가 그렇게 지나간다. 주말이라고 해도 평일과 크게 별다를 것 없는 바쁜 일정을 소화해야 한다. 그 때문에 아이들에게 무언가를 진득하게 앉아서 가르친다는 것은 불가능에 가까운 시대가 돼버렸다. 핵가족화도 역시나 한 몫을 했고 세대 차이는 넘기 힘든 장벽으로 여전히 존재한다.

공교육에서의 수많은 피해에 대한 이야기는 굳이 언급하지 않아도 대부분 알고 있을 것이다. 일부라고는 하지만, 시험이 주는 스트레스는 적지 않은 학생들에게 삶을 포기할 만큼 큰 스트레스를 주고 있다. 그들에게 이미 어릴 때부터 패배주의와 낮은 자존감을 심어 주었고 상향평준화된 공교육의 학습 환경은 학업스트레스를 최정점으로 이끌었고 왕따 문화와 빈부격차에 따른 무리화로 인해 원만한 교우관계 형성이 쉽지 않은 학교 문화로 자리를 잡았다.

대중매체의 영향으로 폭력성과 언어폭력도 심각한 수준이다 . 그리고 결정적으로 이 세대는 교회에서 멀어지는 세대이다. 교회학교 아이들이 상상 이상으로 줄어들고 있다. 그러니 이 아이들에게 어떻게 선한 영향력으로 지도해 줄 수 있을지 고민을 하지 않을 수가 없다.

대안학교에서는 자연스레 이런 부분에 대한 교육이 가능하다. 학교장의 의지만 있다면 학부모들과 함께 선한 방향성을 가지고 믿음으로 가르치고 키워 낼 수가 있다. 같은 비전을 꿈꾸는 선생님들과 함께 어린 나이의 학생들에게 비전을 꿈꾸고 소망을 가질 수 있게 프로그램을 기획해 볼 수 있다. 남들과 비슷한 그저 그런 교육으로 비슷비슷한 사람들로 만들어지는 것이 아니라 전혀 새로운 바탕으로 키워질 수가 있는 것이다.

그래서 새로운 세대를 위해 대안학교 교육을 하고 싶다. 여호수아 같은 민족의 지도자를 키워내고 싶다. 우리 세대가 해줄 수 있는 최고의 선물은 다음세대를 훌륭히 키워내는 것이다. 하나님께서는 수많은 세대의 리더들을 키워내셨다. 그들의 내면까지 들어가서 세상 속에 빛을 발 할 수 있는 기회를 주셨다. 그들은 암울한 시대의 횃불로 민족을 살리고 세상을 밝히는 기가 막힌 리더들로 세워질 수 있었다.

우리가 정말 집중하여 투자해야 할 곳은 바로 다음세대에 대한 교육에 있다. 그들을 가르치는 것이 어쩌면 우리세대에게 주어진 미션과도 같다. 탁월한 리더들이 많이 세워져서 민족과 세상을 밝히는 등불이 되어 지기를 기도해 본다. 세상에 그 어떤것도 쉽게 되어지는 것은 없다, 대안학교가 말처럼 쉽게 되는 것도 아니다. 그러나 그 일을 하는 이유와 목적이 분명하다면 그리고 그로 인해 걸출한 민족의 지도자들이 세워질 수 있다면, 어떠한 난관을 뚫고서라도 충분히 감당하고 도전해 볼만한 넉넉한 이유가 된다.

새로운 대안학교를 꿈꾸며 시작해 본다. 원래 항상 시작은 미약하다. 하지만 이 길이 맞다면 결과적으로 하나님께서 인도해 주실 것을 믿고 나아간다.

여호수아 같은 아이들이 자라날 수 있는 텃밭을 꿈꾸어 본다. 하나님께서 기가 막히게 사용하실 것이다. 주님께서 도와주시기를 소망하며 기도한다.

02. 커리큘럼

우선 초등과정을 진행하게 되기 때문에 거기에 관련된 커리큘럼에 대해서 소개하려고 한다.

대안학교는 각각의 다양한 커리큘럼이 존재한다. 각자 나름의 교육 철학과 방향성을 가지고 커리큘럼을 준비했고 그에 따라 교육을 진행하게 된다. 우리 대안학교는 영성을 갖춘 리더를 양성하는 것을 최우선 과제로 삼을 것이다. 따라서 그에 맞추어 커리큘럼이 준비되는데 미션스쿨답게 개인적인 신앙이 잘 자리 잡을 수 있도록 목회자가 그 부분을 담당하여 채플 시간과 큐티, 개인적인 상담을 진행하게 된다. 그리고 개별적인 학습코칭이 진행되는데, 이 부분을 통해서 학생들이 자신들의 학습 스케줄과 공부해야 할 이유, 삶의 이유에 대해서 스스로 고민하고 준비 하도록 돕게 된다.

기본적인 과목은 영어, 국어, 수학, 과학, 역사 등의 기본 과정과 예체능으로 나눌 수 있는데 월, 화, 수에는 기본적인 과목을 공부하고 목, 금에는 예체능을 배우도록 구성 한다. 채플, 큐티시간과 함께 상담시간도 따로 배치되어 있다. 학년별 구성이 아니라 개인별로 진행하는 자기주도식 학습으로 진행하며 담임 선생님이 학생들의 수준과 학습상황에 따른 단계를 제시하고 질문에 설명하는 형태로 진행된다.

한반에 학생 10명과 교사 1명의 형태를 유지하되 그 이상이 되면 보조교사를 두도록 한다. 예체능과 관련되어서는 외부 강사를 통해 수업이 진행되도록 하되 학생들의 진로와 수준에 따라 수업하도록 한다.

1주일에 오후 한 타임 정도는 역사탐방이나 체험활동 등으로 구성하여 선생님과 함께 학생들이 야외에서 여러 가지 경험과 활동을 할 수 있도록 진행한다. 현장의 역사적인 의미를 잘 설명해 주고 다녀온 후 소감문을 나누게 함으로 기억에 남도록 유도한다. 기본적으로 학생들은 많은 책들을 읽을 수 있도록 진행하고 독서 감상문을 통해서 글쓰기와 발표력이 향상 될 수 있도록 조율해 준다.

여름 방학과 겨울 방학을 이용하여 여러 캠프에 참여하고 해외 역사탐방을 통해 외국 친구들과 만나고 이야기 나눌 수 있는 기회를 제공하도록 한다. 좀 더 다양한 루트를 통해 초등학생 때부터 세상을 바라보고 품을 수 있도록 교육한다.

방과 후 오후 시간을 활용하여 자신만의 시간으로 준비하며 보낼 수 있도록 한다. 학생 자신들의 취미와 특기에 맞는 심화과정을 얼마든지 가질 수도 있다. 맞벌이 부모의 경우 자녀들을 찾을 수 있는 시간을 정하여 그때까지 대안학교에서 학생들이 방과후 시간을 보낼 수 있도록 한다. 그 시간을 적절히 놀이와 휴식, 독서와 기도 및 상담 시간으로 활용하도록 한다.

03. 인격과 성품

기본적인 인격과 성품은 일반적으로 초등 교육과정 가운데 만들어 지게 된다. 여러 가지 상황과 자극을 통해 구성되기도 하는데, 이를 위해 지속적인 개인의 성찰과 친구들과의 나눔 또한 필요 하다. 멘토의 적극 적인 관심과 조언도 필요하다. 그래서 1주일에 한 번씩 채플 후의 나눔 을 통해 각자 자신의 이야기를 할 수 있도록 유도하고 서로의 기도 제목 을 정하여 함께 기도해 주는 시간을 갖게 된다. 신앙적으로 세워지고 기 도하며 인격과 성품이 자리 잡을 수 있도록 목회자와 선생님이 조언해 주며 방향성을 잡아준다.

성경의 인물들에 대해서 배우고 유명한 위인들에 대해서도 인물탐구 를 통해서 자신들의 멘토를 세우고 그들에게서 선한 영향을 받을 수 있 도록 교육하고 지도한다. 실제적인 봉사활동의 기회와 삶의 의미를 새 길 수 있도록 이끌어 준다.

개인적으로 하나님과 만나는 기도 시간을 갖게 하고 무명의 기도 노 트를 함께 적도록 한다. 개인 일기장을 통해서 글을 쓰고 싶을 때 일주일 에 1~2회 이상 자유롭게 쓰도록 장려하며 지원해 준다.

실화를 바탕으로 한 영화 감상과 취약 계층을 향한 봉사활동 등을 통 해서 보다 깊은 내면을 만들어 가도록 도움을 준다. 자신의 자존감과 정 체성을 찾고 이 세상에 태어난 이유와 소명을 발견하고 찾을 수 있도록 돕는다. 실존에 관한 질문들을 던지고 그에 대한 답을 찾으며 보낼 수 있도록 진행한다. 학기마다 그들의 삶을 향한 화두를 제시하여 학생들이 각자 그 답을 찾아가도록 진행한다. 그 답을 찾기 위해서 여러 가지 다양한 방법을 통해 스스로 발견하고 스스로 준비하여 학기가 끝날 무렵에 정리하여 발표하고 나누도록 한다.

학교에서 생긴 학생들과의 문제는 공동으로 함께 나누어 이야기를 하고 해결 방안을 모색한다. 개인적 감정이 컨트롤 안 되는 아이들은 상담과 코칭을 통하여 적절한 방법을 제시하고 스스로와 서로에게 좋은 쪽으로 풀어 갈수 있도록 한다. 교우 관계에 대해서는 학생들 스스로가 답을 알고 있는 경우가 많은데 잠시 감정을 내려놓고 그것을 찾아보도록 유도한다.

가정 안에서, 학교에서 그리고 세상에서 어떻게 살아야하고 어떻게 봉사해야 할지를 스스로 깨달을 수 있도록 함께 공부하게 한다.

04. 역사탐방과 봉사활동

국내에서 수많은 역사 탐방의 장소를 학생들과 함께 공부하며 실제로 그 장소를 답사해보고 함께 의미를 공부하고 깨달은 바를 나누며 살아있는 교육을 하도록 한다. 가까운 곳은 평일 오전이나 오후 시간에 다녀오도록 하고 먼 장소는 하루나 1박 2일 코스로 진행하도록 한다. 교사들이 함께 인솔하고 회비를 걷어 진행하도록 한다.

책으로만 역사를 공부하기 보다는 현장에 가서 직접 눈으로 보고 손으로 만져 보고 배우는 역사가 정말 기억에 남는 살아있는 역사 교육이 된다. 아이들의 재능과 방향성도 중요하지만 우리 민족의 역사를 배우는 부분도 아주 중요하다. 신앙의 선배들에 대한 순교지도 의미가 있는 장소이며 민족의 여러 가지 수난사도 역시 중요한 배움이다.

역사탐방은 개인의 인내심과 함께 공동생활을 배울 수 있는 좋은 기회이며 각자가 학교 공동체를 위해서 자신이 무엇을 해야 할지 배우는 시간이기도 하다.

새로운교회 공동체와 함께 시골교회로 2회에 걸쳐 봉사활동을 가게 된다. 거기서 같은 또래의 시골 마을 친구들과 이야기를 나눌 수도 있고 벽화를 그릴수도 있다. 마을 대청소와 노인들을 위한 봉사활동도 준비할 수 있다. 도시 속에서만 살아가면서 시골의 정취를 느끼기 어려운데 봉사활동을 통해서 시골의 풍경을 누리고 그 속에서 값진 봉사를 통하여 보람을 얻을 수 있는 좋은 기회이다.

1박2일로 진행되는 아웃리치는 교회 공동체 어른들과 함께 진행되기 때문에 여러 가지를 배울 수 있는 좋은 기회이다. 보통 금요일 오후에 출발해서 토요일 하루 종일 진행되어진다. 소풍을 가듯 즐거운 시간이기도 하다. 봄, 가을로 진행된다.

여름에 진행되는 말레이시아 단기선교 봉사활동은 여권을 준비하여 해외로 나가는 봉사활동이다. 새로운교회 공동체와 함께 진행하며 말레이시아 현지의 유엔난민학교에 있는 초등학생들과 함께 만나서 영어로 이야기를 나누고 여러 프로그램을 진행하며 관광을 하고 돌아오는 프로그램이다.

학생들이 더 넓은 세상으로 나아가 경험하고 나누고 도전 받는 시간이다. 하루를 마치고 밤마다 하루를 돌아보며 나눔 시간이 진행되고 마지막 날에는 여행 감상문을 작성하도록 한다. 목사님과 선생님들, 그리고 새로운교회 어른들이 인솔자로 함께 참여한다.

비행기 티켓 비용과 참여비용 정도면 참석이 가능하다. 해외에서 새로운 경험을 갖게 되고 영어에 대한 필요성을 인식하게 되며 꿈을 갖게 되는 시간이기도 하다.

01. 검정고시

국내 검정고시는 초등/중등/고등과정이 있다. 그중에서 보통은 중등과 고등과정의 검정고시를 보게 되고 대부분 어느 정도만 공부하면 합격하게 된다. 하지만 국내 대학에 대안학교 수시전형으로 입학을 하려고 하는 학생들은 고등과정 검정고시를 2-3회 정도 시험 봐서 제일 좋은 성적으로 입시를 치르게 된다.

보통은 3-4개월 정도 집중해서 준비하면 합격 할 수 있다. 그렇기 때문에 검정고시는 보통 중3때 합격해 버리고 고등3년 과정 동안 3가지 진로에 따라서 준비하게 된다.

국제검정고시는 해외에서 인정해주는 검정고시이다. 이 부분도 학생의 필요에 따라 준비하면 될 것이다. 대안학교도 국내에서 인정해 주는 대안학교와 해외에서 인정해 주는 대안학교로 나눠진다. 우리 대안학교는 국내와 해외에서 모두 인정해 주는 대안학교로 준비하고 있다.

02. 진로: 해외, 국내, 공동체

해외에 있는 대학교를 갈 경우는 영어와 전 세계에서 인정해주는 국제검정고시를 준비한다. 이럴 경우 해외에 있는 대부분의 대학교에서 대안학교 수시 전형으로 응시가 가능해진다.

국내에 있는 대학교를 갈 경우는 수능을 준비하거나 검정고시를 95점 이상 되도록 준비한다. 한동대나 몇몇 대학교에서는 대안학교 학생을 수시전형으로 선발한다. 그렇게 진학하게 되면 대학교에 가서부터 학교와 전공에 임하는 자세가 다르고 금방 다른 아이들과는 차별된 리더가 되어 있을 것이다.

학사고시를 준비하는 방법도 있다. 일 년에 4차례의 단계별 검정이 있고 각 단계를 모두 통과하면 4년제 대학의 학사 학위와 동일한 학력을 법적으로 보장 받는다. 약간의 영어공부를 함께 하면 바로 대학원으로의 편입도 가능하다. 시험의 범위가 일정하기 때문에 미리 준비한다면 많은 시간을 절약할 수 있다. 최단기간에는 1년 만에 학사 취득이 가능하고 최연소 학사취득 예들도 있다. 이들의 경우 20살이 되기전에 대학원까지 수료한다.

세 번째 진로는 공동체로 들어가는 것이다. 이것은 우리 대안학교가 갖고 있는 독특한 점인데 새로운교회 공동체와 함께 하기 때문에 가능한 것이다. 새로운교회에서 진행하고 있는 비즈니스 사업체들과 카페, 출판사, 디자인회사, NGO등 앞으로 8-10년 뒤에는 더 확장되고 다양하게 준비되어 있을 것이다. 그렇게 되면 그 모든 자리들에 세워져야할 중간 리더들이 필요하다.

교사가 되고 싶다면 다시 돌아와서 대안학교의 교사를 담당하면 된다. 카페를 하고 싶다면 카페를 맡으면 되고 싱어송 라이터가 되고 싶다면 앨범을 내고 활동하면 된다. 시인이 되고 싶다면 출판사에서 시집을 출간해 줄 것이다. 웹디자이너가 되고 싶다면 홈페이지 팀이나 디자인 회사에 들어가면 된다. 해외 지사를 포함하게 될 테니 참 다양한 직업군의 인재가 필요할테고 선택의 폭이 넓은 셈이다.

사실 괜찮은 대학교를 졸업하고 학사, 석사, 박사를 해야 하는 이유 중에 하나는 안정된 취업을 위해서이다. 남들보다 괜찮은 내가 되어야 경쟁에서 승리하여 고액의 연봉을 받으며 직장 생활 할 수 있고 안정적으로 세상을 살아갈 수 있다고 배웠기 때문이다. 하지만 이미 공동체가 졸업생들을 인정해 주고 얼마든지 수용할 수 있다면 어떨까? 그들은 공동체와 함께 가기 때문에 졸업장도 필요 없을 것이다. 특별한 이력서도 필요 없이 이미 검증된 멤버이기 때문에 쉽게 공동체와 함께 가는 이들로 세워질 것이다.

이렇게 되면 아주 짧은 시간 안에 공동체 안에서 중요한 중간 리더로 세워질 가능성이 높다. 개인의 삶에서 직업선택에 관해 자기가 하고 싶은 일을 할 수 있다는 것보다 좋은 일이 있을까? 그 선택이 결국 선교와 다음 세대를 위한 교육이라는 의미 있고 보람된 일과 연계성을 가질 수 있다면, 직업 선택에 있어 분명 충분한 매력으로 작용 할 것이다.

학생들의 달란트와 적성에 따라 다양한 진로가 있고 그것을 후원하고 도와줄 공동체가 있다는것은 아주 든든한 일이다. 국내 뿐만 아니라 해외까지 바라보며 꿈과 실력을 키우고 준비하는 대안학교 기간이 될 것이다. 함께 도와줄 선생님과 친구들, 그리고 신앙적으로 상담하며 기도해 줄 목사님, 그렇게 학생들의 인생에 날개를 달아주려고 관심을 가지고 지도해 갈것이다. 무엇보다 새로운교회 공동체가 대안학교를 위해서 다양한 방법으로 후원하고 도와줄 것이다.

03. 방향성

대안학교를 통해서 초등학생 때부터 공교육에서 다루지 못하는 것들을 세심하게 다루고 학생들의 특색에 맞도록 차별화된 교육을 진행해야 한다. 담임교사가 바뀌지 않고 지속적으로 학생들을 관리하고 바라보기 때문에 그들에게 가장 잘 맞는 방향으로 지도하게 된다. 담당 목회자가 그들의 신앙을 지도하고 비전을 품게 하고 기도하도록 이끌어간다.

채플과 학습코칭을 통해서 그들을 양육하고 멘토링과 상담을 통해서 그들의 심리적인 문제를 풀어간다. 그렇게 해서 리더로 성장하도록 돕는다. 그들의 생각과 가치관, 신앙관, 철학 등의 올바른 관점을 심어주고 방향을 설정할 수 있도록 지원한다.

윤리적이고 도덕적이며 현실적이고 합리적인 차세대 리더가 되도록 학생들 모두가 서로에게 유기적인 영향을 주게 된다. 창조적인 놀이등을 통해서 학생들이 창의적으로 성장하여 다음세대에서 주도적 역할을 하는 인재로 자랄 수 있도록 한다. 목회자와 교사가 팀을 이루어 함께 학생들을 평가하고 그들의 눈높이에 맞는 교육을 실시한다.

인생의 소명과 사명을 깨닫고 자신의 길을 찾아갈 수 있도록 멘토가되어 도와주며 이끌어 갈것이다.

01. 결국 선교

크리스천 리더는 결국 본질적으로 선교에 대해 생각하지 않을 수 없다. 열방과 민족들에게 소망을 줄 수 있는 리더들로 성장하기를 기대한다. 어렸을 때부터 열방을 품고 기도하며 언어를 공부하고 준비하여 특별한 직업을 가지고 그들을 후원하고 도울 수 있는 마인드로 성장시켜야 한다.

인생의 목적이 개인의 부를 축적하거나 잘 먹고 잘 사는게 전부가 아님을 일찍 깨우치고 의미 있는 인생, 값진 인생, 청지기로서 쓰임 받는 인생이 되도록 그들의 삶을 변화시켜야 한다. 민족과 열방, 나아가 이 땅을 위해 차세대 리더로서 성장하도록 눈물로 기도하며 양육해야 한다.

새로운교회가 진행하게 될 선교 사역에 함께 동참하며 기도로 후원할 수 있는 리더들로 세워지기를 기대한다. 단지 공부만 잘하는 학생이 아니라 시대를 꿰뚫어 보며 현실을 판단하고 세상에 소망을 던져 줄 수 있는 그런 학생들이 되도록 인도해야 한다.

각자의 달란트와 직업에 따라 구체적인 비전과 꿈을 형성하도록 돕고, 비전설명회와 나눔을 통해서 스스로 그 길을 잘 찾아 갈 수 있도록 인도한다. 많은 대안학교 학생들이 함께 연대하여 더 큰 비전을 꿈꾸도록 격려하고 도와주며 교육한다.

02. 다음 세대의 리더

다음세대는 지금보다 더 혼탁하고 어려운 세대가 될 것이 자명하다. 아마도 개인과 집단 모두, 올바른 가치관이 상실된 시대일 것이다. 돈과 쾌락만 쫓아가는 세대일 것인데 그 중에서 요셉과 같이 탁월하고 순결한 차세대 리더들이 세워지기를 기대한다. 세상 사람들과 같지 않은 전혀 다른 생각과 새로운 가치관으로 죽어가는 영혼들을 살려내는 그런 리더들이 되기를 소망한다.

도덕적, 윤리적, 종교적으로 올바른 가치관 배우며 세워진 리더들을 기대해 본다. 우리의 교육 시스템은 계속해서 세대에 맞도록 갱신될 것이며 현장에서 교사와 학생들, 목회자를 통해서 함께 상의하며 준비되어 갈 것이다.

세상에서 기대 할 수 없는 새로운 리더들이 세워지도록 함께 기도하며 배우고 노력할 것이다. 인생의 목적이 어디에 있는지? 어떻게 인생이라는 시간을 활용하고 사용할 것인지? 인생의 가장 중요한 의미를 찾고 어떻게 실현시킬 수 있을지 분명히 가르치고 다음 세대를 이끌어 갈 수 있는 리더들로 세워가야 한다.

03. 필드가 다르다

이렇게 배우며 성장한 학생들은 노는 물이 다를 수밖에 없다. 그들의 필드가 다르다. 혼자서 무엇이든 해결 할 수 있을 것이며 연대하여 풀어가는 방법도 알게 될 것이다. 그들이 살아가는 세대와 세상 속에서 당면할 여러 과제들에 독창적이고 대안을 제시 할 수 있는 리더가 되도록 가르쳐야 한다.

지역과 국가, 세계를 넘나들며 다양한 그룹과 소통하며 전혀 다른 필드에서 살아갈 수 있는 리더들로 준비 되어야 한다. 어릴 때부터 이미 세계를 경험하고 문제를 스스로 해결해 나갈 수 있는 구조를 갖도록 해야 한다.

다른 사람들과 충분히 잘 어울리고 그들을 품을 수 있는데까지 나아가도록 여유있는 사람으로 키워야 한다. 무너진 사람들을 세워주고 그들의 아픔을 이해하며 상처를 감싸주고 그들에게 방향성을 제시해 주는데까지 나아가는 리더들이 되기를 소망한다.

04. 마음껏 꿈꾸게 하라

학생들에게 제한을 두면 안 된다. 그들이 대안학교라는 물속에서 마음껏 꿈꾸게 해야 한다. 그들의 꿈에는 제한이 없어야 한다. 얼마든지 상상력을 발휘하고 그 꿈을 지원하고 격려하며 응원해 주어야 한다. 무엇이든 할 수 있다. 다만 그것이 민족과 열방을 살려낼 수 있는 의미있는 것이어야 한다.

생각이 남다른 학생들을 키워내야 한다. 믿음이 탁월한 리더들을 배출해야 한다. 하나님과 깊은 교제를 갖고 세상을 섬기는 사람들이 나와야 한다. 프리젠테이션이 탁월한 학생들이 세워져야 한다.

그들을 통해서 수많은 기회들이 창조되기를 바란다. 세상이 그들의 선한 영향력으로 인해 변화되기를 소망해 본다. 어두운 시대일수록 배움의 열기는 더 뜨거워지기 마련이다. 우리 학생들의 그런 배움에 대한 뜨거운 열정으로 세상이 감당 못할 걸출한 인재들이 그들 중에 많이 나오기를 기도해 본다.

PART 3

꿈꾸는
세상으로
나아가라

"캠퍼스선교에 대해서 참 오래전부터 기도하고 준비해 왔다. 하지만 주님께서 인도하시는 때가 있는 것 같다. 그동안 우리가 해오던 수많은 비전들과 계획들이 어느 순간 약속이나 한 듯이 다 연결되는 것을 보면서 하나님의 인도하심에 감탄하게 되었다."

Chapter 1
캠퍼스 선교를
꿈꾸라

01. 캠퍼스선교에 대한 도전

우리 교회는 신촌 카페라파스에서 예배모임을 처음 시작할 때부터 캠퍼스 선교에 대한 비전을 품고 기도했다. 저녁 모임마다 신촌을 바라보며 캠퍼스를 향한 기도를 했다. 하나님께서 캠퍼스들을 변화시켜 주시기를, 거기에 크리스천 대학생들을 세워주시기를 기도한 것이다.

사실 그때는 너무나 막연해 보이기만 했다. 과연 캠퍼스로 들어갈 수 있을지도 미지수였다. 하지만 우린 눈물을 흘리며 뜨겁게 기도했다. 왠지 하나님께서 우리의 마음에 캠퍼스 선교에 대한 비전을 뜨겁게 부어주시는 것만 같았다. 함께 눈물로 기도할 때가 많았다. 사실 우리 멤버십은 이미 대학교를 졸업한지 좀 된 분들이 많았는데도 캠퍼스라는 단어에 대해서는 이상하리만큼 민감하게 기도했었다.

사실 캠퍼스 복음화율이 2%도 안 된다는 이야기도 들린다. 선교단체들도 캠퍼스에서 요즘에는 맥을 못 춘다고 한다. 심지어 요즘 대학교에서는 복음을 증거하고 전도하는 것이 금지되어 있다. 그리고 그나마도 이단들이 득새하며 수많은 수단과 방법을 만들어 대학생들을 공략하고 있다. 심지어는 이단인지도 모르고 들어갔다가 선후배 관계성에 얽혀서 이단인줄 깨닫게 되고도 나오지 못하는 경우가 많다고 한다.

교회에서는 믿음이 좋았던 아이들이 캠퍼스에 가서 그만 말도 안 되는 상황에 처하게 되는 것이다. 사실 선교단체들은 생각보다 어려운 커리큘럼을 가지고 있다. 제자훈련이나 양육프로그램은 생각보다 어려운 수준이다. 그 프로그램을 1년 위에 선배나 간사가 가르친다. 그리고 결국은 선교사 훈련이나 선교에 대한 마음을 품게 하는데 어느 정도의 목적이 있다.

사실 학교근처 교회나 일반 대형 교회에서 들어가는 캠퍼스선교도 자기 교회 교인 만들기 일환이거나 행사 몇 번 하고 생색을 낸 후 딱히 이득 될게 없어서 빠지는 구조이다. 하지만 실제로 캠퍼스에는 믿음으로 눈물 흘리며 캠퍼스를 위해서 기도하는 믿음의 학생들도 있다. 하지만 상황적으로 혼자 무엇을 바꾼다는 것은 어려운 일이다.

요즘 캠퍼스에서 학생들이 겪는 어려움은 상상을 초월한다. 스펙 쌓기도 만만치 않고 학업 성적도 좋아야 하기 때문에 수업 쫓아가기도 바쁘다. 도서관에서 살거나 장학금을 못 받으면 알바를 뛰어야 한다.

수업료는 학자금 대출로 감당하더라도 결국 큰 부담감으로 다가온다. 세상은 바쁘게 돌아가고 자신을 챙겨주는 사람은 하나도 없다. 취업도 보장 받지 못하는 경우가 허다하다. 취업을 위한 과열 경쟁 속에 학생들은 지칠대로 지치고 결국 사회에 대한 염증을 품고 잘못된 선택을 하는 경우도 종종 있다. 결국 본인 책임으로 몰아간다.

우리가 하려고 하는 캠퍼스 선교는 아주 단순하다. 주1회 예배 모임이다. 짧게 말씀을 나누고 삶에 대한 이야기를 나누고 기도제목을 나눈 후 함께 기도해 준다. 시험기간이나 휴일에는 모임을 쉰다. 방학 때도 모임은 쉰다. 제자훈련이나 양육 시스템 같은 건 없다. 대신 이야기를 나누며 상담과 코칭을 통해 멘토가 되어 준다. 신앙적으로 도와주고 기도해 준다. 함께 캠퍼스 복음화를 위해서 기도한다.

교인을 만들려고 하지도 않고, 선교사로 추천하지도 않는다. 그저 대학생 시절인 그들의 현장속에서 그들의 이야기를 들어주고 위로해 주며 기도해 주는 '정말 순수한 마음 짠한 공동체'를 꿈꾸고 있다. 함께 은혜를 나누고 기도를 나누며 어느새 같은 편이 되어가기를 기대한다. 그들이 진로 문제로 고민하며 성적 때문에 상심할 때 토닥토닥 해줄 수 있는 공동체가 되기를 바란다. 무엇을 바라기 보단 있는 그대로 안아주고 도와주는 예배공동체가 된다면 어떨까? 이 시대에 이런 모임은 좀 필요하지 않을까 싶다.

사실 캠퍼스 선교를 한다고 뛰어든 단체와 교회나 개인은 참 많았다. 하지만 한결 같이 잘되기만 하는 것은 아니었다. 중간에 멈추기도 하고 없어진 곳도 있고 참 다양하다. 하지만 그렇다고 해서 캠퍼스 선교를 다 포기하고 두손 놓고 기다리기만 해선 안된다. 파도가 계속 치는 해변에서 돌멩이 하나 던져서는 표시도 안날지 모른다. 파동을 일으키려는 시도는 상당히 무의미해 보일 수도 있다. 하지만 누군가 시작한다면 그리고 함께 뜻을 모아 연합하는 사람들이 생긴다면 그리고 그렇게 시간이 흐른다면 결과적으로는 놀라운 기적이 일어날 수가 있다. 그래서 우리는 불가능한 일을 시작하려고 한다. 처음부터 꿈꾸었던 캠퍼스선교에 손을 댄 것이다.

지금은 숙대에서 예배모임을 진행하고 있다. 함께 참여하여 이야기를 나누며 은혜로운 시간을 누리는 대학생들이 있다. 외국인 유학생들도 함께 모이고 있다. 그들에게도 이런 자리에 참여하게 하고 함께 은혜를 나누고 기도하며 나중에 고국으로 돌아가서도 크리스천으로 살아가도록 돕는 이 일이 개인적으로 참 소중해 보인다.

02. 사역자들과 연대하라

우리는 여러 학교에 들어가는 예배모임을 꿈꾸고 있다. 이 사역을 위해서 여러 목사님들과 연계해서 숙대와 이대, 숭실대와 홍대, 연세대까지 우선적으로 들어가서 예배모임을 만들려 한다. 이 사역을 위해서 감리교신학대학교 대학원에 웨슬리미션 학회가 함께 연대해주기로 했다. 거기에서 전도사님들이 각 학교로 목사님들과 함께 연합하여 파트너로 들어가서 예배모임을 인도하려고 한다.

목사님들과 전도사님은 파트너가 되어 학교를 향한 캠퍼스 선교 전략을 계획 할 수도 있고 다른 스케줄로 참석을 못할때는 서로 대신 인도해 줄 수도 있다. 그래서 장기적으로 공동체를 만들어 가도록 조직을 구성했다. 접촉점으로 함께 모일 학생들만 2-3명 있다면 우리 모임은 시작된다. 철저히 학생들에게 맞추어 진행하며 그들을 위해 존재하는 모임이기도 하다. 이 사역은 카페에서 모임이 진행되도록 준비했다. 그리고 함께 기도하고 있다.

이렇게 사역하며 우리가 꿈꾸는 것은 2년 안에 예배모임이 견고해지고 각 학교마다 동아리로 신청하여 자리를 잡는 것이다. 그렇게 되면 같은 이름으로 동아리를 만들고 거기서 같은 형태로 지속적인 캠퍼스 선교를 할 수 있을 것 같다. 그렇게 5년 정도가 지나면 어느 정도 자리를 잡고 연합 행사를 진행할 수 있을 것이다.

캠퍼스선교가 처음에는 시작하기도 부담스러운 상황이었지만 이렇게 수순을 밟아 나간다면 나중에는 어느 정도 영향력이 있는 캠퍼스 선교 모임이 될 것이라 생각한다. 이를 위해서 감신대 교수님들 몇 분께서 연합하여 함께 도와주고 계신다. 캠퍼스 선교에 비전을 가지고 있는 교회들도 후원하며 동참하고 있다. 교수님들은 선교적인 관점과 교육적인 관점에서 좋은 방향성을 제시하고 캠퍼스 선교를 지원해 주고 계신다.

사실 캠퍼스 선교는 혼자서는 할 수 없는 규모이다. 하지만 사역자들과 연대하게 되면 더 많은 캠퍼스에 들어가서 그들과 만나고 소통할 수 있게 된다. 이렇게 되면 캠퍼스 선교의 새로운 길이 열리게 되는 것이다. 혼란한 시대, 캠퍼스가 복음화 될 수 없는 시대에 우리들의 캠퍼스 사역을 통해서 불가능이 가능으로 바뀌는 기적이 일어나기를 소망해 본다.

적어도 믿음 있는 대학생들이 그 믿음을 지키고 캠퍼스 안에서 영향력을 발휘하도록 후원하고 도와주는 일에 최선을 다하는 그런 캠퍼스 예배 공동체가 되기를 소망한다.

03. 미션스쿨과 연대하라

캠퍼스 선교를 위해서 고등학교 미션스쿨들과 연합하는 것이 좋은 방법이다. 미션스쿨의 교목들은 이미 많은 졸업생들과 관계성을 가지고 있고 또한 고3들이 캠퍼스로 들어갈 때 연결점 역할을 톡톡히 할 수가 있다.

그러니 캠퍼스 선교를 하겠다고 한다면 적어도 이 부분을 놓치고 가기엔 너무나 안타까운 일이다. 가능하다면 교목을 만나야 한다. 그리고 우리의 예배모임이 있는 캠퍼스에 연결점이 될 수 있는 대학생들을 소개 받아야 한다.

우리도 캠퍼스 사역을 하면서 미션스쿨 교목들을 만나게 되었다. 우리의 취지를 설명해 주고 비전을 이야기 해주니 그분들도 공감해 했다. 선교단체에 빠지거나 이단에 빠지거나 하는 게 부담되는 현실 속에서 신뢰할 만한 예배모임이 그들을 케어해 준다면 충분히 다행스런 일이 아닐 수가 없다.

어떻게 보면 고등학교 미션스쿨 입장에서도 대학교에 이런 캠퍼스 선교 단체가 있다는 것은 든든한 일이기도 하다. 서로 학생들이 꾸준한 신앙생활을 하도록 도와주며 서로 상생할 수 있는 좋은 기회이다. 믿음이 좋은 고3들, 그리고 졸업생들이 캠퍼스에서 살아남도록 우리 예배모임이 붙잡아 주는 역할을 한다면 참 좋겠다.

Chapter 2
바리스타
협동조합

01. 바리스타 강사가 되라

카페교회에서 머무르지 말고 바리스타 강사 교육을 받아서 강사가 되어야 한다. 우리는 바리스타 교육을 받아 2급, 1급, 마스터 자격증까지 받을 수 있도록 관련 단체와 연대 할 수가 있게 되었다. 그래서 우리 스텝들을 강사 훈련 코스에 투입시켰다.

그렇게 한 이유는 두 가지인데 하나는 카페에서 바리스타 교육 실습을 연습하고 학원에서 교육을 받아 필기시험과 실기시험을 치르고 자격증을 취득할 수 있도록 도와주려고 하는 것이다. 쉽게 말해서 자격증 취득 코스가 가능해지는 것이다. 작은 카페들에게 이런 코스는 큰 의미가 있다. 두 번째는 우리 안에서 또 다른 강사 교육이 가능해 지는 것이다. 메인 스텝이 배워오고 부스텝들에게 전이가 가능하다는 것이다.

우리는 카페교회들의 체인점을 꿈꾸고 있으며 앞으로 그들에게 수익 구조와 어드벤티지를 제공하기 위해 여러 가지를 고민해야 했다. 바리스타 자격증 코스는 상당히 매력적으로 보여지는 것 중에 하나였다. 보다 전문적으로 배운 바리스타 스텝들을 통해서 카페의 커피맛과 운영의 질이 한층 더 높아지는 것이니 교육을 받아서 나쁠 것은 없었다.

충분히 믿을 만한 스텝에게 교육을 시키고 그를 통해서 전체 스텝들을 훈련시키는 구조로 갈 수 있어야 한다. 자신만의 레시피와 교육 시스템을 준비하여 독자적인 방향성을 세워가야 한다. 카페의 전문성과 독창성을 확보하는게 중요하다. 바리스타라면 적어도 더욱 배우고 공부해서 자신만의 노하우를 가지는게 중요하다.

02. 바리스타 연대

바리스타 코스를 통해서 자격증을 얻게 된다면 우리와 관계성을 통해서 충분히 친밀한 바리스타들을 만들어 낼 수가 있다. 그들과 함께 연대하여 여러 가지 일들을 시작해 볼 수 가 있게 된다. 그중에 하나가 협동조합이다. 바리스타들이 연합하여 협동조합을 만들게 되면 정부에서 협동조합을 지원하게 되고 함께 여러 가지 일들을 만들어 갈 수가 있다.

연회비를 통해서 협동조합이 굴러가게 되고 거기서 기획하고 진행하는 일들은 방대해 질 수 있다. 협동조합은 최초 조합원 5인의 발기가 필요하고 그 뒤로 더 많은 회원들의 협동조합까지 가능해 질 수 가 있다. 그렇게 되면 교단쪽이나 카페교회 연합으로 바리스타 협동조합이 확장될 수가 있다. 그렇게 해서 커피 쪽으로 다양한 사역을 확장해 나갈 수 있게 되는 것이다.

한 분야의 전문가들이 대거 연대하게 되면 파급력이 상당히 크다. 로스팅 공장이 세워질 수도 있고 거대한 유통라인이 생길 수도 있다. 생두를 원산지에 계시는 선교사님과 연결하여 대량 유통이 가능하며 선한 소비문화 캠페인을 해볼 수도 있다.

크리스천 바리스타들의 모임은 더 큰 의미를 부여할 수 있다. 작은 카페교회들에게 직접적인 도움을 줄 수도 있고 지역 사회를 도울 수 있는 구체적인 방법들도 많이 있다. 이 부분을 함께 만들어 가기 위해서 우리는 지금 이 사역에 손을 대고 준비하는 단계이다. 하나님께서 어떻게 열어 가실지 참 기대가 된다.

03. 크리스천 커피문화

사회적으로 포화상태가 된 카페시장에 아직도 커피 바람은 식지 않은 듯하다. 특별히 크리스천들의 커피 문화를 새롭게 정립해 보고 싶다. 커피 한잔으로 더 의미있고 좋은 일에 사용되어진다면 함께 후원하게 된다면 바람직한 커피 문화가 아니겠는가? 크리스천 카페를 세워나가고 더불어 카페교회를 개척해 나가는 형태라면 어떨까?

"당신은 커피 한잔으로 카페교회를 세우고 계십니다." 이런 카피문구는 어떨까?

한국 교회에 도태될 수밖에 없는 작은 개척교회들에게 비즈니스적인 카페교회로 전환하여 함께 살아나갈 수 있는 시장을 만들어 준다면, 그래서 크리스천 커피 문화를 만들고 그에 따른 수익으로 카페교회들을 세워나가고 운영해 나간다면 얼마나 의미 있는 일이겠는가?

해외에도 동일하게 카페교회들을 세워 나가면서 보다 직접적이고 현실적인 선교를 할 수 있다면 어떨까? 각 지역에 자생적인 크리스천 공동체를 세워 나간다면 그 얼마나 상상만 해도 가슴이 뛰는 일인가? 이런 문화를 만들어 가보고 싶다. 바리스타 협동조합이 생각만큼 크다면 이런 문화운동을 일으켜 볼 수 있지 않을까?

chapter3
NGO에
눈을 떠라

01. 러브월드NGO

BAM(business as mission)에서는 현장에 선교사들에게 비즈니스가 복음을 전할 수 있는 수단과 방법임을 설명하고 있다. 비즈니스에 대해서 부정적으로만 볼 수가 없다는 것이다. 선교사가 선교지역에서 장기적으로 존재하고 있어야 결과적으로 선교의 영향력을 행사 할 수 있다는 것이다. 그렇게 하기 위해서 후원금만 의지하기 보다는 자생적으로 가는 구조가 되어야 하는데 거기에 비즈니스가 방법적인 부분으로 사용될 수 있다는 것이다.

C 선교사는 거기에 한술 더 떠서 한국 교회도 그렇다고 말한다. 한국에 작은 개척교회들도 선교현장과 너무나도 비슷한 상황에 처해 있다는

것이다. 후원금에만 의존해서 살아가기엔 너무나 버거운 시절이 왔다. 목회자의 어쩔 수 없는 자비량 목회가 목회자 이중직이라는 문제로 불거졌다. 결과적으로 목회자도 그 지역에서 그 교회를 유지하며 어느 정도의 시간을 버텨주어야 제대로 된 선교와 복음증거가 가능해진다.

하지만 한국 사회에서 작은 개척교회가 그렇게 버틴다는 것은 기적에 가까운 시대가 되었다. 그렇게 하기 위해서는 선교지에서 비즈니스를 방법과 수단으로 사용했듯이 이제는 한국에 있는 작은 교회들이 비즈니스를 방법과 수단으로 사용해야 한다는 것이다.

그렇게 해서 비즈니스가 교회를 유지하고 복음을 전하기 위해 돕는 매개체가 되기를 도모하는 것이다. 그런데 여러 가지 비즈니스가 있지만 이왕이면 NGO를 통해서 공모사업비를 가지고 진행하는 게 모양새가 참 좋아 보인다.

교회들이 NGO 활동에 눈을 떠야 하는 이유이다. 교인들 중에서 사회복지사나 NGO활동에 대해서 알고 있는 사람들을 세워서 사역의 장을 새롭게 열어가야 한다.

우리교회도 러브월드 NGO활동을 시작했다. 조금 늦게 알았지만 확실히 좋은 방법인 것은 충분히 깨달을 수 있었다. 지금은 국내 사업과 해외 사업을 진행하기 위해 준비하고 있다. 수많은 공모사업들이 있고 그곳에 지원하는 기준에 따라서 시도해 볼 수가 있다.

오늘날 교회가 해볼 수 있는 좋은 기회의 장이다. NGO에 대해서 전문가에게 배우고 새로운 눈을 뜨기 바란다.

02. 공모사업 설명회

공모사업은 민간단체와 정부에서 진행하는 다양한 사업들이 있다. 그들의 목표와 비전에 맞게 우리가 방향성을 맞추어서 지원하면 된다. 1년에 수많은 공모사업들 중에서 우리가 분류된 사업에 맞는다면 지원이 가능하다. 수많은 NGO단체들이 공모사업마다 지원서를 쓰느라 경쟁률이 치열하다.

국내 공모사업과 해외 공모사업이 있다. 국내 사업들은 대부분 재정 지원 규모가 적은 편이고 단기적인 경우가 많지만 해외 공모사업은 재정이 크고 장기적으로 지원되는 경우가 많다. 하지만 해외에서 준비할 서류가 많아서 실제로는 준비한다는 게 만만치 않은 일이다.

NGO 사무국장과 함께 여러 가지로 상의를 해봐야 하고 좋은 방향성을 가지고 교회가 유리한 고지에 서서 의미 있는 후원 사업을 진행할 수 있어야 한다.

사업 설명회는 인터넷에 수시로 공지가 뜨고 그것을 확인하여 그 지역에 가서 설명회에 참석해야 한다. 보통은 자신들의 단체가 후원하는 공모사업의 방향성과 이렇게 했으면 좋겠다는 틀이 주어진다. 생각보다 자료량이 방대하다. 그것을 확인한 후에 거기에 맞추어 서류를 준비하는 것이다.

그렇게 어렵지는 않고 어느 정도 경험이 있는 분들과 함께 가게 된다면 쉽게 이해할 수 있도록 설명해 줄 것이다. NGO는 개인적으로나 사회적으로 후원을 받을 수 있고 기부금 명세서도 떼어 줄 수 있기 때문에 다양한 방법으로 재미난 사역을 할 수가 있다.

특히나 선교사님들이나 국내 목회자들이라면 NGO를 꼭 배워두기를 바란다. 그것이 여러분의 사역에 날개를 달아줄 것이다.

03. 해외사업에 도전하라

해외 사업이 쉽지 않지만 그래도 도전해 보는 게 중요하다. 한번 공모 사업에 지원서를 낼 때마다 경험이 쌓이는 것이다. 해외에서 진행된 단기선교는 가능하면 NGO 해외 봉사활동으로 기획하는 게 좋다. 그렇게 해서 사회에서 인정하는 공신력 있는 NGO 활동으로 잡아야 한다. 그렇게 하면 나중에 해외 사업에 지원할 때 유리하게 된다.

단기선교로 한번 정도 도와줄 것만 고려하지 말고 NGO로 장기적인 지원을 해줄 수 있는 방법을 찾아라. 그게 더 의미 있고 실제적인 도움을 줄 수 있다고 본다. 이런 부분도 경험을 쌓다 보면 다양해진다. 이런 쪽에 사람들과 만나면서 정보를 교류하다보면 전혀 예상하지 못한 도움을 받기도 하고 길이 열려지기도 한다.

교회가 내부적인 사역에만 열을 올리기보다 이제는 세상을 바라보고 여러 가지 다양한 방법을 시도해볼 차례이다. 특히나 작은 교회들이 살아날 수 있는 좋은 방향성도 여기에 있다.

결국 인적자원과 재정자원만 확보되면 그 공동체는 유지될 수 있다. 인적자원이야 전도할 수밖에 없지만 재정자원은 조금만 눈을 돌려보면 여러 가지 방법이 있을 수 있다. 어느 쪽이든 노력하며 준비하고 교회가 세상에서 빛과 소금의 영향력을 주도록 유지하고 기도해야 할 것이다.

우리 교회는 지금 너무나 재미있는 사역들을 많이 하고 있고 꿈꾸고 있다. 수많은 씨앗들을 심으면서 한편으로는 나중이 기대가 된다. 어떤 열매들이 맺힐까? 하는 마음이 있다. 하나님께서 우리 공동체를 인도해 주시고 선한 방향으로 몰아가시는 게 느껴진다.

비단 우리 교회만의 스토리가 되기보단 더 많은 교회들의 이야기가 되기를 바란다. 얼마든지 찾아와서 노하우를 배워 가면 좋겠다. 그리고 함께 꿈을 꾸면 좋겠다. 교회는 힘들고 어려운 곳이라고만 생각하기보다 좀 더 진취적으로 난관을 뚫고 나가는 목회자들이 되기를 바란다.

적어도 우리가 몸부림은 쳐봐야 하지 않을까? 그저 손가락만 빨고 있어서야 되겠는가? 두 손 멀쩡하다면 부지런히 움직여 봐야하지 않을까!!

하나님께서 각자에게 주신 달란트를 잘 개발하여 귀하게 쓰임 받는 교회들이 되어 지기를 기도해 본다.

chapter 4
우리가 교회다
연대

01. 특별한 목회자들과의 만남

어느 날 동기인 목사님 한분이 커피상자로 찾아왔다. 그와 이야기를 나누며 감리교단에 W협동조합과 사회적 기업 쪽으로 사회평신도국에서 사역하고 계신 P목사님을 소개 받아 만나게 되었다. 그리고 P목사님과 함께 4명의 목회자가 모여서 이야기를 나누다보니 우리들처럼 특성화된 작은 교회들을 한자리에 모으고 소개하는 형태로 모임을 만들면 참좋을 것 같았다. 그래서 12명의 목회자가 함께 모였고 그 자리에서 책을 출간하는 문제를 논하게 되었다.

우리 중에는 다양한 형태로 목회를 하고 있는 목사님들이 많았다. 목회 연수가 4-5년차, 8-10년차, 12년차를 넘어가는 분들도 계셨다. 이럴 경우 단순히 모임으로 끝나는 경우가 많다. 그래서 우리는 각자의 이야기를 책에 담았으면 좋겠다는 의견을 나누게 되었다.

자신의 목회 사역에 대한 노하우와 스토리를 책에 챕터 별로 담을 수 있다면 작은 교회들이 그런 시도를 해본다면 어떻게 될까? 가능하면 서로의 교회에 방문하여 이야기를 나누고 책 내용은 어떤 방향으로 써야 할지 고민하며 우리 후배들에게 좋은 방향성을 제시해 주면 어떨지 생각해 보게 되었다.

새로운 목사님을 만나는 것은 참으로 즐거운 일이다. 차를 한잔 마시며 그분의 목회 이야기를 듣고 나누는 것은 정말 배울게 많은 시간이다. 보통은 서로 영향을 받게 된다. 자신의 목회를 돌아볼 수 있는 기회가 되기도 하고 도전 받거나 응원 받는 시간이기도 하다.

지금도 계속해서 그분들과 교제를 하며 수많은 사역들이 연계되고 있다. 단순히 인간적으로 아는 정도가 아니라 각자의 비전에 맞게 큰 흐름이 생기더라는 것이다. 연합하고 연대하게 되면서 확실히 영향력이 커지는것 같다.

02. 12명의 목회자 이야기를 담다

거의 한달 가까이 원고 작업이 진행되었다. 각자 원고를 쓰는데도 쉽지 않은 시간이 걸렸고 각자의 문체와 스토리들이 다양했기 때문에 그게 오히려 재미있는 부분이라고 생각했다. 우리 출판사에 원고가 넘어오고 나서 교정팀과 디자인팀을 거치며 샘플책이 나왔다. 공동저자들에게 샘플 책을 들고 최종 교정을 진행했다. 함께 자신의 파트를 꼼꼼히 읽어보며 최종 수정을 마쳤다.

사실 큰 교회 목사님들 몇 분을 소개하며 엮은 책들은 많이 있다. 하지만 작은 교회 목사님들 더구나 아직 진행 중인 상황에서 책을 엮는 것은 쉽지 않은 시도이다. 그리고 12명의 공동저자이다 보니 원고의 접수 시간이나 수정의 상황이 쉽지 않았다. 그리고 디자인이나 전체적인 설정 부분부터가 쉽지 않을 것이라 예상 했다. 그럼에도 불구하고 다행히 많은 부분에서 우리 출판사를 믿고 따라와 주어서 빠른 시간 안에 출판 작업이 가능할 수가 있었다.

오케스트라 교회 이정신목사와 소원 사무국장 이다니엘 목사는 사실 학교 동기이기도 하다. 그렇기 때문에 더 재미있는 시간들이었고 그동안 알 수 없었던 다른 목사님들과도 모두 친해지게 되었다. 그리고 무엇보다 귀한 자료가 책으로 남게 되었다. 이 자료는 후배들에게 귀한 자산이 되지 않을까? 적어도 이쪽 사역에 궁금한 분들에게 기본 안내서가 되지 않을까 싶다.

책은 너무나 재미있게 구성되어 있다. 신학적인 흐름은 장성배교수님이 성육신목회와 프레시 익스프레션스로 설명해 주시며 첫 장이 넘어간다.

그리고 이창성목사(시냇가에심은나무교회), 신상엽목사(토기장이교회), 박재찬목사(예쁜손을향한교회), 최준식목사(오떡이어,파이어스톰미션), 윤정석목사(예수마음교회), 이정신목사(산곡제일교회), 박영배목사(이화교회), 전웅제목사(하늘샘교회), 박상규목사(커피밀 플러스, 아카데미라운지), 이다니엘목사(소원 사무국장) 순으로 목회스토리가 소개 되고 있다.

각자 다양한 스펙트럼을 드러내며 그동안의 사역을 정리한 책이기 때문에 작은교회를 개척하려고 하는 신학생들과 목회자들에게 아주 귀한 입문서와 같은 자료가 될 것 같다. 앞으로도 계속해서 시즌별로 다양한 목회자들과 함께 재미있는 책들을 만들어 가려고 한다.

03. 북콘서트와 PED

책이 출간된 후 여기저기 책을 납품하며 출간 소식을 알리게 되었고 관련해서 북콘서트 행사를 하게 되었다. 감신대 웨슬리 채플 제1세미나실에서 화요일 저녁에 진행된 북콘서트에는 라엘과 나오미의 찬양콘서트 시간과 패널로 장성배교수(감신대 선교학교수), 이규원목사(씨앗스토리교회), 이헌주목사(교회2.0목회자운동)가 참석하여 도움을 주었다.

그 후에 공동저자 목회자들이 함께 등장하여 목회 소개를 하고 공개 질문을 받은 후 주제에 따라 설명하는 시간과 총평으로 마무리 했다. 코람데오 라이브 방송에서 페이스북으로 생중계 방송을 하고 신문기자들이 참석하여 취재하였다. 방송 촬영과 인터뷰를 사전에 진행하기도 했다.

이 행사를 위해서 감신대 학부와 대학원 학생회에서 도움을 주었고 우리 목사님들과 스텝들도 함께 행사의 진행을 도왔다. 100명이 현장에 참여하여 재미있는 시간이 되었고 공식적인 행사를 마친 후에는 소그룹으로 나누어서 관심 있는 파트에 참여하여 저자들과 더 친밀하게 이야기를 나눌 수 있는 시간을 가졌다.

우리는 하반기에 몇 가지 행사를 더 기획했는데 11월 24일(목) 신촌에 창천교회에서 목회자 PED KOREA를 진행하기로 했다. 저자마다 무대에 서서 자신의 목회를 10분 안에 소개하는 행사이다. 영상으로 촬영하여 유튜브에 업로드하고 현장을 생중계하는 형태로 진행될 예정이다.

행사를 통해서 우리가 교회다 모임에 대해서 그리고 작은 교회들의 이야기가 담긴 책에 대해서 더 많은 분들에게 알려지기를 소망해 본다.

04. 시즌2를 기획하며

우리가 이번에 책을 준비하면서 감리교단 안에 있는 목회자분들과 먼저 연대하여 진행하게 되었다. 아무래도 같은 교단이다 보니 선후배 사이이기도 하고 서로 편한 부분이 있었다. 그 이후로 내가 만난 초교파적인 다양한 목회자들의 사역에 눈을 돌리게 되었다. 그래서 우리가 교회다 시즌2에서는 초교파적으로 다양한 목회자들도 우리 모임에 초대하고 그분들의 이야기를 담은 책을 출간하려고 한다.

지속적으로 책을 출간하여 목회에 대한 여러 가지 자료들을 만들어 낸다면 기존 전통 교회의 목회나 대형교회 위주의 흐름에서 새로운 세대를 대하는 다양한 목회의 방향이 있음을 더 많은이들에게 알릴 수 있을 거라고 생각한다. 이 작업이 아주 중요하다고 생각한다.

각개 전투로 서로 고생하며 나아가는 것이 아니라 정보를 공유하고 그들이 고민한 것을 베이스로 삼아 한 단계 더 쉽게 올라서기를 바란다. 젊은 후배 목회자들에게 더 다양한 목회의 정보를 공유하기 원한다.

시즌2 뿐만 아니라 계속해서 지속적으로 이 사역을 이어 갔으면 한다. 다양한 목회자분들이 계시기 때문에 훨씬 파워풀하고 역동적으로 모임이 흘러간다. 이런 방향성 속에서 장성배 교수님이 선교학적으로 우리의 신학적인 부분을 정립해 주시고 진행을 도와주고 계시니 참 감사한 일이다. 더 많은 목회자들과 연대하여 서로 도울 수 있는 부분들을 나누면 좋겠다. 그리고 책이 출간될 때마다 정기적으로 북콘서트와 여러가지 행사를 통해 특별한 목회자들의 사역을 소개하면 좋겠다.

PART4
은혜의
말씀으로
들어가라

"새로운교회에서 젊은이들에게 선포했던 현장의 거친 말씀들이다. 그때마다 우리 공동체에 꼭 필요한 말씀들이었고 이 말씀 때문에 나눌 이야기들도 많았던 거 같다. 그리고 누구보다 바로 나에게 더 의미 있게 들려졌던 말씀이기도 하다."

chapter 1
말씀의
팻대를
세워라

01 세상 속에서 믿음의 선택을 하라 (단 3:13~18)

13. 느부갓네살 왕이 노하고 분하여 사드락과 메삭과 아벳느고를
끌어오라 말하매 드디어 그 사람들을 왕의 앞으로 끌어온지라

14. 느부갓네살이 그들에게 물어 이르되 사드락, 메삭, 아벳느고야
너희가 내 신을 섬기지 아니하며 내가 세운 금 신상에게 절하지
아니 한다 하니 사실이냐

15. 이제라도 너희가 준비하였다가 나팔과 피리와 수금과 삼현금과
양금과 생황과 및 모든 악기 소리를 들을 때 내가 만든 신상 앞에
엎드려 절하면 좋거니와 너희가 만일 절하지 아니하면 즉시 너희를

맹렬히 타는 풀무불 가운데에 던져 넣을 것이니 능히 너희를
내 손에서 건져낼 신이 누구이겠느냐 하니

16. 사드락과 메삭과 아벳느고가 왕에게 대답하여 이르되 느부갓네살
이여 우리가 이 일에 대하여 왕에게 대답할 필요가 없나이다

17. 왕이여 우리가 섬기는 하나님이 계시다면 우리를 맹렬히 타는 풀무
불 가운데에서 능히 건져내시겠고 왕의 손에서도 건져내시리이다

18. 그렇게 하지 아니하실지라도 왕이여 우리가 왕의 신들을 섬기지도
아니하고 왕이 세우신 금 신상에게 절하지도 아니할 줄을 아옵소서

느부갓네살 왕이 노하고 분한 이유는 그동안 포로로 잡아온 아이들
을 공들여서 가르쳤는데 문화와 가치관과 종교관을 배운 아이들이 느부
갓네살의 예상을 완전히 깨뜨리고 모두가 있는 공적인 자리에서 금신상
에게 절하지 않겠다고 했기 때문입니다.

도무지 느부갓네살은 이해할 수가 없는 상황이었습니다. 고대 사람
들은 대부분 정복국가의 신이 강해서 승리했다는 생각을 갖고 있었기 때
문에 이스라엘의 신은 하등하고 망한지도 한참 지난터라 다니엘의 세친
구가 특히나 엘리트라고 생각했던 그들의 이런 반응은 정말로 느부갓네
살의 정신을 공황상태로 만들고 말았습니다.

그래서 다시 정신을 차리고 다른 사람의 말보다는 자신이 직접 설득해야겠다는 생각이 들어 불러서 회유책을 쓰게 됩니다. 지금이라도 금신상에게 절을 한다면 없었던 일로 해주겠다는 것이었습니다.

그만큼 아끼는 마음과 설마 배신을 할까 라는 생각이 동반되어 그들에게 마지막 기회를 준 것입니다. 하지만 세 친구는 어김없이 느부갓네살이 전혀 이해할 수 없는 선택을 하게 됩니다. 죽기까지 절할 수 없다니... 금신상에게 절 한 번 하는 게 그리도 어려운 일인가?

사실 금신상에게 절하는 지금의 행위가 정당한가라는 부분은 처벌수위가 어떤가를 보면 이해할 수 있습니다. 모든 사람에게 어느 정도의 선택권이 있는 건지? 아니면 목숨을 담보로 무조건 yes해야 하는 상황인지 본문을 읽다 보면 자연스레 강압적인 독재정권이라는 것을 알 수 있습니다.
흡사 북한과도 같은 분위기입니다. 공포정치이기도 하구요. 그런데 이런 상황을 다 알면서도 어떻게 세 친구는 NO라고 말할 수 있었을까요? 이건 그냥 죽겠다고 하는 것과 다를 게 없습니다.

분명 이스라엘은 오래전 망했고 그들은 포로로 잡혀왔으며 타문화권에서 조롱을 받으며 살았을 것입니다. 그들에게 하나님은 상당히 멀리 있는 것 같고 직접적인 도우심은 별로 없었던 것 같습니다.

그럼에도 불구하고 이들은 하나님의 실존 가운데 동행하며 살았다는 것을 목숨을 담보로 한 이 결정에서 엿볼 수 있습니다.

하나님께서 살아계시고 자신들을 지켜본다는 믿음과 의식이 강하지 않다면 사실 이렇게 순교의 자리로 가기는 쉽지 않습니다.

그들에게 세상적인 가치관과 문화와 타종교와 강압적인 분위기로 배워왔던 모든 것들은, 그리고 세상 사람들의 무게감과 눈치는 이 순간 아무것도 아닌 것처럼 느껴집니다.

정말 대단한 선택임이 느껴집니다.

그런데 가만히 생각해 보면 우리 인생도 비슷해 보입니다. 세상의 문화, 교육, 가치관, 수많은 사람들의 시선... 하나님을 붙잡고 살기 보단 세상의 성공 원리를 쫓아 살아왔습니다.

세상의 시선에 주목하고 그 가치관을 쫓아가고 하나님의 실재는 중요하지 않은 듯 무심하게 그렇게 살고 있습니다.

너무나 쉽게 세상을 선택하고 하나님을 버렸습니다. 금신상이라는 물질관에 Yes라고 고개를 끄덕이며 앞 다투어 달려가고 있습니다.

오늘 다니엘의 세 친구 이들의 결정은 우리에게 충격과 도전을 주고 있습니다. 이들이 지금 왕 앞에서 마지막으로 번복할 수 있는 최후의 선택에 이르게 되었을 때 사실 이 순간 제일 마음을 애태우며 지켜보시는 분은 느부갓네살 왕이 아니라 하나님이셨습니다.

그렇습니다. 이 절체절명의 순간에 하나님은 이들이 과연 어떤 믿음의 선택을 할지 너무나 궁금해 하며 바라보고 계셨을 것입니다.

그리고 그들은 이 사실을 너무나 잘 알고 있었기에 두려운 왕 앞에서도 하나님을 향한 결정을 할 수가 있었습니다.

그리고 그들은 이 땅에 소망을 두는게 아니라 영원한 하늘나라에 소망이 있는 자들이었습니다.

사실 이 땅에서의 짧은 인생은 그저 우리의 마음과 중심을 테스트 하는 시간에 불과합니다. 정말 하나님만을 선택하는 삶으로 나아가기 위한 그리고 예수님을 닮기 위해 나아가는 그런 시간입니다.

그렇다면 우린 삶 속에서 어떤 선택과 결정을 하며 살아야 할까요? 하나님은 매 순간마다 선택의 기로에 서 있는 우리들을 궁금하게 지켜보실게 분명합니다. 하나님을 기쁘게 해드리는 삶이 되었으면 좋겠습니다.

결과적으로 배신감에 몸서리치며 풀무불을 7배나 뜨겁게 하여 그들을 처벌합니다. 그런 상황에서 하나님은 그들을 버리지 않으시고 그 위기의 상황에서 기적적으로 건져주시고 보호해 주십니다.

그로 인해 많은 사람들이 놀라고 상황이 바뀌게 되는 것이죠. 무엇보다 당사자들이 어쩌면 제일 많이 놀랐을 것 같습니다. 하나님의 임재를 경험했으니 말이죠. 그리고 그들의 삶 자체가 변했을 것입니다.

우리의 인생은 어떤가요? 아직도 세상의 가치관을 쫓고 있나요? 아직도 세상의 금신상에게 그럴듯한 이유로 절하고 있습니까? 하나님께서는 매순간 우리의 선택을 지켜보고 계실 것입니다.

우리가 믿음의 용기 있는 선택을 한다면 그때마다 얼마나 기뻐하실까요? 이 땅과 세상에 욕심을 내기 보단 하늘나라에 소망을 두고 살아간다면 어떨까요?

믿음의 결정과 선택을 통해 주님을 닮아가며 세상의 빛과 소금이 되어 지길 기도해 봅니다. 우리의 삶이 그렇게 되길 바랍니다.

02 깊은 데로 가서 순종하라 (눅 5:4~6)

4. 말씀을 마치시고 시몬에게 이르시되 깊은 데로 가서 그물을 내려 고기를 잡으라

5. 시몬이 대답하여 이르되 선생님 우리들이 밤이 새도록 수고하였으되 잡은 것이 없지마는 말씀에 의지하여 내가 그물을 내리리이다 하고

6. 그렇게 하니 고기를 잡은 것이 심히 많아 그물이 찢어지는지라

오늘 말씀은 우리가 참 많이 들었던 익숙한 본문입니다. 깊은 데로 가서 그물을 내려 고기를 잡으라는 말은 적당해 보입니다.

큰 문제없이 이제 베드로가 잡기만 하면 될 것처럼 보입니다. 우린 사실 그 뒷이야기도 너무 잘 알고 있기에 이제 순종하여 실천만 하면 하나님께서 부어주실 은혜를 기대하게 됩니다.

하지만 현실 속의 삶에서는 알 수 없는 불확실한 미래를 놓고 저렇게 순종하기란 쉬운 이야기가 아닙니다. 오늘 말씀도 베드로에게 쉽지 않은 말씀이었습니다.

우선 예수님은 목수 출신이었습니다. 베드로는 어부로 잔뼈가 굵은 사람이고 직업이었으니 사실 아마추어도 아닌 예수님이 전공자인 베드로 pro에게 고기를 잡으라고 말씀한 상황입니다.

(고기를 잡아봤나? 목수가 전공 아닌가? 그냥 말씀 쪽만 이야기 하시지...)

만일 우리의 직업을 대입 시켜본다면 아마 어처구니없는 말씀임을 눈치 채게 되실 겁니다.

더 황당한 것은 깊은 데로 가서... 이 말도 물고기가 그런데 없다는 건 익히 들어서 아실 것입니다. 그리고 이때가 한 낮이라는 것도 물고기가 잡히지 않을 때라는 것을 아실 겁니다.

자 이쯤 되면 우리보다 더 프로페셔널한 베드로의 입장에서는 어떤 마음이 들었을지 예상이 됩니다.

게다가 5절 말씀을 보면 베드로는 이미 밤새도록 고기를 잡으려고 애써봤지만 아무것도 잡지 못한 상황이라는 것을 알 수 있습니다.

오전에 그물을 씻고 들어가서 쉬어야 될 판인데 예수님이 하필 베드로의 배에 올라서서 해변가에 앉아있는 무리들에게 말씀을 전한 상황입니다.

어쩔 수 없이 베드로도 옆에서 그 말씀을 들을 수밖에 없었던 거죠. 아직 제자가 되기 전이었으니 아주 중요한 사건이었습니다.

원래는 베드로가 예수님의 말도 안 되는 명령에 순종하지 않았을 거 같은데 말씀을 듣고 난 직후라 그래도 겨자씨 같은 믿음을 가지고 순종하게 됩니다.

이 부분에서 우리의 인생이 생각날 수밖에 없습니다.

세상에서 살아가는 우리들에게 성경 말씀은 늘 동떨어진 이야기를 하곤 합니다. 정직하게 사는 것, 하나님을 보며 사는 것, 신실하게 순종하며 사는 것, 이웃을 사랑하는 것, 베풀고 양보하고 섬기는 것, 욕심을 내려놓고 비전을 바라보며 청지기의 삶을 사는 것...

모든 말씀이 우리와 맞지 않습니다. 우리 직업과 맞지 않고 패역한 이 세대와 맞지 않습니다. 말씀대로 살았다가는 우린 바보가 되고 모든 것을 잃고 피곤하고 지치고 낙심하고 배신당하기에 딱 좋아 보입니다.

주님 말씀대로 산다는 것은 이 시대와 현 상황에 맞지 않는 것 같습니다. 세상살이에 있어서는 우리가 프로페셔널한 입장인데 주님은 너무 모르시는 것 같습니다.

이 시대 같은 상황 속에서 살아본 적이 없으셔서 구닥다리 말씀을 아직도 우리에게 적용해 보라고 하시는 겁니다.

절대로 말씀대로 살 수도 없고 될 리도 없습니다.

베드로도 그렇게 생각했습니다. 예수님 지금 깊은 데로 가서 그물을 내려 고기를 잡으라고요? 잡힐 리가 없습니다.

하지만 여기 보는 사람들이 많고 예수님의 말씀에 조금 은혜를 받았으니 그래도 순종하는 척은 해드려야 할 것 같네요.

왠지 이런 입장이었을 것 같은 느낌입니다.
우리의 입장과 비슷한 상황처럼 느껴집니다.

억지로 하는 체... 순종... 내 삶은 내가 운전해야 제 맛이지...
그런데 베드로에게 놀라운 일이 생겨버렸습니다.

비전공자이신 예수님의 말씀대로 했는데 그게 말도 안 되는 물고기가 잡힌 것입니다. 그물이 찢어질 정도여서 해변가에 있던 친구들 배도 부릅니다. 그들이 와서 도와주며 옮겨야 할 정도로 많은 물고기가 잡혀버렸습니다.

베드로의 사전과 경험과 상식과는 별개로 상상하지도 못한 일이 일어났습니다.
뭐라고 설명할 방법이 없는 상황입니다.

분명히 세상 이치로는 이렇게 될 리가 없었습니다. 분명히 베드로의 경험으로는 이렇게 진행되는 시나리오가 아니었습니다.

우리도 베드로와 똑같이 생각합니다.

하지만 하나님께서는 그런 우리에게 계속해서 말씀하십니다.

헌신하고 섬기고 베풀고 나누고 사랑하고 용서하고 신뢰하고...

주님 그렇게 살면 바보라는 소리를 듣는다니까요.!!

주님 그렇게 하면 물고기가 잡힐 리가 없다니까요..!!

너무나 흡사하여 소름이 날 정도입니다.

해변가에 고집스런 베드로가 바로 우리의 모습과 오버랩 되는 것입니다.

이 기적 사건 이후로 베드로가 무너집니다. 세상의 이치를 따라서 물질을 쫓아 살던 베드로의 인생이 한순간에 바뀌어 버립니다.

이제 예수님을 따르는 제자가 되기로 합니다.

그렇다면 우리는 어떻게 해야 할까요?

주님의 말씀에 순종해 봐야 합니다. 내 경험과 내 이기적인 생각을 내려놓고 주님을 붙잡아야 합니다.

내 인생에 전공자이신 주님을 의지해야 합니다. 그리고 세상을 따르지 말고 주님을 따라야 합니다.

처음에 예수님의 말씀이 베드로에게는 거치는 말이었습니다. 하지만 예수님의 제자가 되고난 이후 그 말씀은 더 이상 거치는 말씀이 아니었을 것입니다.

우리의 인생에 하나님의 말씀이 거침이 되고 있습니까? 그렇다면 아직 제자의 삶을 사는 게 아니겠죠.

주님을 온전히 붙잡고 의지하여 세상 환경 속에서도 하나님의 말씀을 선택하여 순종하며 살아가는 베드로 같은 우리들이 되기를 바랍니다.

하나님께서 우리 삶에 넘치는 기적으로 함께 하실 것입니다. 우리 생각처럼 뻔한 시나리오로 끝날 것 같진 않습니다.

하나님의 기가 막힌 믿음행전을 경험하는 우리들이 되기를 소망해 봅니다. 어려운 상황일수록 믿음으로 결단하여 말씀대로 순종하면 좋을 것 같습니다.

03 처음 마음 주신대로 순종하라 (창 7:1~5)

1. 여호와께서 노아에게 이르시되 너와 네 온 집은 방주로 들어가라
   이 세대에서 네가 내 앞에 의로움을 내가 보았음이니라

2. 너는 모든 정결한 짐승은 암수 일곱씩,
   부정한 것은 암수 둘씩을 네게로 데려오며

3. 공중의 새도 암수 일곱씩을 데려와 그 씨를 온 지면에 유전하게 하라

4. 지금부터 칠 일이면 내가 사십 주야를 땅에 비를 내려
   내가 지은 모든 생물을 지면에서 쓸어버리리라

5. 노아가 여호와께서 자기에게 명하신 대로 다 준행하였더라

노아에게 방주를 만들라고 명령하실 정도로 그 세대가 악했습니다. 하나님을 떠난 인간은 브레이크가 작동하지 않는 차와 같이 죽음을 향해 폭주할 수밖에 없는 것인가 봅니다.

오죽했으면 하나님의 심판 선고가 내려질까요? 10명의 의인 같은 건 기대할 수도 없었던 모양입니다. 단호히 노아 한사람... 그리고 노아 때문에 그 가정 정도까지 살려주시는 긴박한 상황...

하나님에게는 그 세대에서 인정받고 칭찬 받는 노아였을지 몰라도 다시 반대로 생각해 보면 노아가 사는 삶은 호락호락하지 않았을 것입니다.

모두가 '예'라고 할 때 노아 혼자 '아니오'라고 해야 하는 상황이었단 말입니다. 결과적으로 이런 사람은 소위 왕따라고 불리는 사람일수 밖에 없고 사회와 무리에 섞일 수가 없는 사람입니다.

그러니 노아의 삶은 피곤하고 고단한 삶이었을 것입니다. 결국 노아가 아무리 심판과 홍수를 말해줘도 세상 사람들이 코웃음을 쳤던 것은 바로 이런 이유였을 것입니다.

이미 노아의 말은 그들에게 전혀 영향력 없는 소음에 불과할 뿐이었던 것이죠. 세상 사람들은 노아를 미쳤다고 하고 노아가 문제가 있다고 하고 그렇게 평가했습니다.

그런 왕따와 수모와 유령행세를 당하면서도 노아는 꿋꿋하게 버텨 냈습니다. 하나님께서 말씀하신대로 과연 언제나 홍수가 날지, 심판이 올지 알지 못했지만 계속해서 산에다가 방주를 만들었습니다.

산에다 그렇게 큰 배를 만든다는 발상 자체부터 세상 사람들의 비난의 대상이 되어버렸겠지만 노아는 하나님의 부르심과 말씀하심을 체험했기에 세상 사람들이 중요하지 않았습니다.

세상 사람들의 가치는 다른 곳에 있었습니다. 물질과 권력과 욕심과 명예와 시기질투와 밟고 올라섬과 죄악과 살인까지...

그들과 노아는 가는 길이 달랐습니다. 방향이 달랐고 기준이 달랐고 세상의 존재가치가 달랐습니다.

그렇기에 세상 사람들에게서 받는 비난과 판단과 소리들은 노아에게 그리 큰 문제가 되지 않았습니다. 하나님만 인정해 주신다면 이 땅 부르신 소명을 감당할 수 있다면 그거면 충분했습니다.

이렇게 이 땅에서 살아가는 것도 참 힘들었을 텐데 하나님은 그런 노아에게 또 명령하십니다. 정결한 짐승과 부정한 짐승을 방주에 태우라고 하십니다. 공중의 새까지 잡아오라고 하십니다.

게다가 7일 동안 그렇게 하라고 말씀하십니다. 우리는 대략적으로 다음 스토리를 알고 있기에 하나님께서 그 짐승들과 새를 인도해서 오시겠거니 생각합니다.

하지만 당사자였던 노아의 경우는 다릅니다. 다음 일을 알지 못하겠죠. 그러니 하나님의 명령은 쉽지 않고 부당하게까지 들릴 수 있었을 것입니다.

높은 산에 방주를 만든다는 것도 충분히 미쳤다는 소리를 감수하고 순종한 것인데 이제 거기에 무얼 잡아오라고 하시는 건지? 게다가 7일

동안 새까지? 이렇게 생각하기 시작하면 하나님의 말씀에 순종한다는 것은 정말이지 쉽지 않은 상황에 이릅니다.

여기서 중요한 것이 바로 첫 마음입니다. 하나님의 말씀을 들었을 때 순종할 것인가? 아니면 불순종할 것인가? 하는 것은 첫 마음에서 결정됩니다.

가나안 땅의 정탐 소식을 듣자마자 이스라엘 백성들의 첫 마음은 불평과 원망이었습니다. 그로인해 망했습니다.

하지만 여리고성을 한 바퀴씩 돌아야 하는 기도의 전쟁에 대한 이야기를 들었을 때는 모두 그렇게 순종하기로 첫 마음을 먹고 돌았습니다. 그리고 결국 이스라엘 백성이 무엇을 했다기보다는 하나님께서 여리고성을 무너뜨려 주셨습니다.

순종했던 이스라엘 백성들에게 하나님께서 함께 해주신거죠.

오늘 노아도 마찬가지입니다. 새까지 잡아오라구요? 라고 하는 첫 마음이 아니라 하나님께서 말씀하셨으니 알겠습니다. 그렇게 하겠습니다. 라고 하는 어린아이 같은 순종....

의심하지 않는 믿음... 그리고 하나님의 도우심이 진행되는 것입니다. 결국 하나님께서 짐승들과 새를 몰아오시는거죠. 노아는 그들을 방주로 인도하기만 하면 되는 것입니다.

5절 말씀에 노아는 하나님의 말씀대로 다 준행했다고 써있습니다. 여기서 한 번 더 놀라게 됩니다. 노아의 성품이나 믿음 때문에 말이죠.

우리도 세상에서 살아가고 있습니다. 노아의 시대나 지금이나 별 차이는 없어 보입니다.

이 시대를 살아가는 수많은 크리스천 노아들이 있습니다. 하지만 우리는 수많은 세상의 가치 기준에 현혹되어 있습니다. 물질의 노예로 성공의 노예로 죄악의 노예로 헷갈려서 세상 사람처럼 살고 있습니다.

하나님께서 우리를 부르시고 만나주시고 늘 말씀해 주십니다. 우리의 첫 마음은 무엇인가요? 이 시대에 하나님의 말씀대로 사는 건 불가능해... 이렇게 단정 지으시나요?

아니면 노아처럼 묵묵히 순종하며 세상과는 다른 가치기준으로 살아가고 계신가요? 무엇이 중요한가요?

이 땅에서 풍요로운 삶과 노후를 즐기는 것이 중요한가요? 아니면 내 영혼이 하늘나라에서 주님을 찬양하며 보내는 것이 중요한가요?

다른 사람들을 밟고 올라서서 돈을 벌고 성공하는 것이 중요한가요?
이 땅에서 더 많은 사람들에게 복음을 전하고 영혼을 구원하는 것이 중요한가요?

우리는 노아처럼 당연히 세상 사람들의 인정을 받기는 어려울 것입니다. 하지만 힘을 내세요. 하나님께서 우리 삶을 인정해 주시는 것이 사실은 가장 중요합니다.

노아는 결국 방주에 타게 됩니다. 그 가정까지 구원을 받습니다. 노아가 무슨 대단한 일을 한 것은 아닙니다. 그저 하나님 말씀대로 순종한 거 밖에 없습니다.

오늘날 우리도 마찬가지입니다. 무슨 대단한 일을 하라는 게 아닙니다. 성령님께서 우리 마음에 주시는 말씀대로 순종하며 사는 게 중요하다는 이야기 입니다.

헌신할 일이 있습니까? 봉사할 일이 있습니까? 함께 기도해야 할 일이 있습니까? 먹고 마시고 노는데 시간을 허비하고 있습니까?

아직도 세상의 죄악을 끊지 못해서 쩔쩔 매고 있습니까? 세상 사람들의 평가와 비판이 두렵습니까?

그럴 때마다 노아를 한번 생각해 보시면 좋을 것 같습니다.

묵묵히 방주를 만드는 일에 순종했던 노아처럼 우리도 하나님을 바라보고 믿음과 신앙의 길을 묵묵히 따라가면 좋겠습니다.

결국 '다 준행하였더라' 라는 말씀이 우리 마음에 남기를 원합니다.

04 기도 타이밍을 활용하라 (출 14:19~25)

19. 이스라엘 진 앞에 가던 하나님의 사자가 그들의 뒤로 옮겨 가매
    구름 기둥도 앞에서 그 뒤로 옮겨

20. 애굽 진과 이스라엘 진 사이에 이르러 서니 저쪽에는 구름과 흑암
    이 있고 이쪽에는 밤이 밝으므로 밤새도록 저쪽이 이쪽에 가까이
    못 하였더라

21. 모세가 바다 위로 손을 내밀매 여호와께서 큰 동풍이 밤새도록
    바닷물을 물러가게 하시니 물이 갈라져 바다가 마른 땅이 된지라

22. 이스라엘 자손이 바다 가운데를 육지로 걸어가고
    물은 그들의 좌우에 벽이 되니

23. 애굽 사람들과 바로의 말들, 병거들과 그 마병들이
    다 그들의 뒤를 추격하여 바다 가운데로 들어오는지라

24. 새벽에 여호와께서 불과 구름 기둥 가운데서 애굽 군대를 보시고
    애굽 군대를 어지럽게 하시며

25. 그들의 병거 바퀴를 벗겨서 달리기가 어렵게 하시니 애굽 사람들이
    이 르되 이스라엘 앞에서 우리가 도망하자. 여호와가 그들을 위하여
    싸워 애굽 사람들을 치는도다

우선 오늘 말씀을 읽으면서 의문이 생길 것입니다. 하나님께서 이집트에서 탈출시키시고 가나안 땅으로 인도하시는 거라면 왜 굳이 홍해 바다라는 막다른 길로 인도하셨을까요? 게다가 바로왕의 마음은 왜 바뀌어 대규모 추격전을 펼치고 있을까요?

하나님께서 자신의 백성 삼으시고 인도하시는 것이라면 평탄한 길로 쉽게 인도하면 좋을거 같은데 왜 이처럼 긴장감이 넘치고 스펙타클하게 인도하시는 걸까요?

말씀을 자세히 읽다 보면 구름 기둥이 뒤로 옮겨서 바로왕의 군대와 이스라엘 백성 사이를 막고 서게 됩니다. 지연시키고 있는 것이죠. 그리고 홍해가 바로 딱 갈라진게 아닙니다. 오늘 말씀대로라면 큰 동풍이 밤새도록 바닷물을 물러가게 했다고 기록되어 있습니다.

결국 하나님께서 무언가를 기다리고 계시다는 것을 느낄 수가 있습니다. 무엇을 기다리고 계셨을까요?

환경과 상황이 절박해지고 처절해지며 노예 근성에 쩔어 있는 그 백성들에게 하나님께서는 기념비적인 신앙의 간증과 체험을 허락하시는데 그전에 한 가지 필요한 것이 있었습니다. 바로 그것 때문에 모든 상황을 슬로우 비디오처럼 지연시키고 계신 것입니다.

그것을 바로 기도입니다. 이스라엘 백성들이 하나님께 살려달라고 부르짖기를 기다리시는 것입니다. 앞뒤로 막다른 절벽 같은 상황에서 그들의 힘으로 할 수 있는 것이 하나도 없을 때 이제 마지막으로 하나님께 기도해 보라는 것입니다.

절박한 마음으로 간절하게 눈물로 기도한 것이 있어야 기쁨의 응답을 맛볼 수 있는 것처럼 스펙타클한 상황 속에서 하나님을 바라보라는 것입니다. 하나님의 백성을 평탄하게만 인도하시는 것이 아니라 상황과 환경 속에서 믿음을 키우고 기도로 연단되기를 바라고 계신 것입니다.

비단 이스라엘 백성들만의 이야기가 아닙니다. 오늘날 하나님의 백성이 되고 하나님과 함께 인생길을 걸어가는 우리들에게도 해당되는 이야기입니다. 온실 속의 화초처럼 기르시는 것이 아닙니다. 광야의 어려움과 폭풍우를 겪게 하시면서 광야의 영성으로 키워 가시는 것입니다.

요셉의 삶은 우리에게 시사 하는 바가 큽니다. 노예로 잡혀가는 인생은 하나님만을 의지할 수밖에 없는 상황이었습니다. 누명을 쓰고 감옥에 갇혔을 때는 이제 믿을 수 있는 분은 하나님뿐임을 뼈저리게 느끼는 순간이었을 것입니다. 그런 상황을 통해서 하나님께서 요셉의 중심에 믿음이라는 영성을 심고 계셨습니다.

중심에 들어있는 믿음이 가장 중요합니다. 그 외 총리가 되기 위한 부수적인 것들은 얼마든지 배울 수 있고 습득할 수 있습니다. 하지만 그 근본 믿음이 흔들리는 사람은 늘 불평과 불만과 원망으로 가득 찬 사람에게는 큰 것을 맡길 수가 없는 것입니다.

우리도 인생을 살아가면서 하나님을 믿고 갑니다. 사업의 문제나 직장의 문제, 가정이나 관계의 문제들, 내 힘으로 어쩔 수 없는 그런 문제들 속에서 바쁘게 살아가고 있습니다. 중요한 것은 그런 문제들 앞에서 하나님을 바라보고 의지하며 기도하는 삶을 살고 있는가 하는 것입니다.

그저 힘들다고 불평하고 걱정할 줄만 알았지 하나님의 숨어 있는 깊은 뜻은 헤아릴 여력이 없습니다. 하나님을 제대로 알지 못하면서 그저 축복만 주시는 분으로 이기적인 욕심에 비추어 믿고 있다면 다시 한번 기도의 자리로 말씀의 자리로 나아가야 합니다.

우리를 그냥 놔두시는 하나님이 아니십니다. 절대로 우리에게 이유 없는 고난을 허락하실 분이 아닙니다. 우리를 연단하시고 믿음을 심어 주시고 훈련시키고 새롭게 하셔서 하나님의 큰 일을 맡기실 분이십니다. 이 부분에 대한 적극적인 신뢰가 필요합니다.

희한하게 상황이 지연되고 있다는 느낌을 받을 때가 있습니다. 끝나도 벌써 끝났어야 되는 것 같은데 이상하게 질질 끌고 있다면 그때가 바로 하나님께서 우리가 기도하기를 기다리고 있는 시간이라는 것을 깨닫기 바랍니다. 그리고 바로 엎드려서 기도하면 좋겠습니다.

하나님 우리의 인생을 책임지시고 감당할 수 있는 힘을 주시고 인도해 달라고 기도하셔야 합니다. 상황과 현실 속에서 그 너머에 계신 하나님을 발견하고 기도의 치트키를 사용하시기 바랍니다. 기도는 아끼라고 주신게 아닙니다. 기도는 하면 할수록 귀하게 쓰임 받는 도구입니다.

모세처럼 홍해 앞에서 두 손을 들고 기도해야 합니다. 우리 문제 앞에서 두 손을 들고 기도하셔야 합니다. 하나님께서 열어주셔야 합니다. 하나님께서 인도해 주셔야 합니다. 세상적인 원리로만 돌아가는 것처럼 보이겠지만 뒷면에는 하나님의 섭리가 계십니다.

영적인 눈으로 우리의 삶을 바라볼 수 있어야 합니다. 영적인 마음으로 하나님께 매달려야 합니다. 답답한 현실을 맛볼 때 마다 하나님을 찾으시길 바랍니다. 오늘 기적처럼 이스라엘 백성에게 피할 길을 주셨고 다시 물속까지 쫓아오던 바로왕의 군대를 수장시켜 버리신 하나님의 놀라운 비책이 오늘을 살고 있는 우리네 인생살이에도 적용되기를 기도합니다.

05 세상의 방법이 아닌 하나님의 기준으로 (호 6:12~16)

12. 또 여호수아가 아침에 일찍이 일어나니
    제사장들이 여호와의 궤를 메고

13. 제사장 일곱은 양각 나팔 일곱을 잡고 여호와의 궤 앞에서
    계속 행진하며 나팔을 불고 무장한 자들은 그 앞에 행진하며
    후군은 여호와의 궤 뒤를 따르고 제사장들은 나팔을 불며
    행진하니라

14. 그 둘째 날에도 그 성을 한 번 돌고 진영으로 돌아오니라
    엿새 동안을 이같이 행하니라

15. 일곱째 날 새벽에 그들이 일찍이 일어나서 전과 같은 방식으로
    그 성을 일곱 번 도니 그 성을 일곱 번 돌기는 그 날뿐이었더라

16. 일곱 번째에 제사장들이 나팔을 불 때에 여호수아가 백성에게
    이르되 외치라 여호와께서 너희에게 이 성을 주셨느니라

오늘 말씀은 여호수아가 이스라엘 백성들과 함께 여리고성을
정복하는 내용입니다.

여호수아는 광야 40년의 세월 간 2인자로 키워진 인물이었고 모세를 따라서 수많은 기적을 체험했고 순종해야 한다는 것을 몸으로 배운 리더입니다.

그러다보니 요단강을 건널 때에도 그리고 여리고성 앞에서도 하나님의 분명한 말씀대로 믿음을 가지고 순종하는 모습을 보여줍니다.

하지만 이스라엘 백성들의 입장에서는 쉽지 않은 상황이었을 것입니다.

더구나 여리고성을 정복하는 방법이 예사롭지 않았습니다. 그 당시나 지금이나 성을 정복하려면 공성전투를 벌이거나 전략적으로 싸움을 걸어서 나오게 하거나 칼을 들고 전투를 해야 할 것 같은데...

나팔을 불며 여리고성 주위를 돌기만 하라는 말씀은 고개를 갸우뚱하게 만들어 버립니다. 과연 가능할까? 그렇게 행진하는 것만으로 여리고성이 무너져 내릴까?

여리고성이 무너진 적 없는 엄청나게 튼튼한 성이라는 것은 둘째치더라도 도대체가 화살 하나 쏘지 않고 성이 무너질 것을 기대하라는 것은 믿기가 어려운 말씀이었습니다.

그럼에도 불구하고 침묵 가운데 여리고성 주위를 돌게 됩니다. 하나님의 임재의 상징이었던 법궤를 모시고 나팔을 불며 그 뒤를 묵묵히 따르는 것이죠.

새벽 일찍 일어나서 하루에 한 바퀴씩 6일을 돌게 되는 것입니다. 이게 한번 돌때마다 조금씩 진전이 보이면 좋겠는데 전혀 느낌이 없습니다.

그저 순종할 뿐... 그저 믿어야 할 뿐... 만일 그렇게 다 돌았다고 해도 여리고성이 꼼짝하지 않고 그대로라면 어떻게 해야 할까요?

과연 여리고성은 무너질까요? 우리는 결과를 알고 있으니 쉽게 생각하지만 그 당시 그 행진에 참여한 이스라엘 백성들은 과연 어떤 심정이었을까요?

저는 이 말씀을 묵상하면서 우리네 인생길이 오버랩 되었습니다.

우리 인생도 부지런히 살아가지만 하나님의 뜻이 우리 인생에 이루어질지? 비전이 성취될지? 우리의 사명을 다하며 하나님께 쓰임 받을지? 복음의 통로로 사용되어 주변에 많은 사람들이 주님께 인도될지?

우리도 여리고성을 돌고 있는 백성들처럼 비슷한 마음 가운데 인생을 살고 있지 아닐까요?
그런데 여호수아는 왜 굳건히 믿고 순종 할 수 있었을까요?
그건 바로 말씀하신 주체자인 하나님에 대한 믿음 때문이었습니다.

친구가 말한 건지? 선생님이 말한 건지?

도대체 그 방법을 말씀해 주신 이가 누구냐 하는 것이죠.

하나님께서 말씀해 주신 것이라면 이건 뭐 고민할 필요도 없는 것 아니겠습니까? 아브라함에게 100세에 이삭을 주시리라는 약속도 하나님께서 하신 것이였죠. 그리고 그것을 믿음으로 받았습니다.

요단강을 건너는 것도, 여리고성이 무너지는 것도 하나님께서 말씀해 주셨죠. 그러니 믿고 갈 수 있는 것입니다.

우리네 인생에 대한 부분도 하나님께서 말씀해 주셨습니다.

세상의 기준이 아닌 하나님의 기준으로 살아야 함도 말씀해 주셨습니다. 여리고성 사람들이 이스라엘 백성들의 낯선 싸움 방식을 향해 비난하고 비웃었겠지만 결과적으로는 하나님의 방법이 맞았습니다.

크리스천으로 살아가는 인생길에서 하나님의 말씀대로 산다는 것은 비웃음과 비난을 감수하고 살아야 함을 의미합니다.

하지만 결과적으로는 하나님의 말씀대로 될 것입니다.

그들의 비난과 비웃음을 잠시 참고 견디며 묵묵히 기도하며 나아간다면 결과적으로 하나님께 영광과 감사를 돌리게 될 날이 찾아올 것입니다.

결국 여리고성이 무너질 때 말씀대로 순종하기만 했을 뿐인데 그런 일이 일어나 버리니 얼마나 감격했을까요?

우리네 삶도 마찬가지입니다. 결국 감격할 날이 찾아올 것입니다.

기쁨으로 나아가는 우리들이 되기를 기대해 봅니다.

06 보내신 목적과 인도하심대로 (빌 3:10~14)

> 10. 내가 그리스도와 그 부활의 권능과 그 고난에 참여함을 알고자
>   하여 그의 죽으심을 본받아
>
> 11. 어떻게 해서든지 죽은 자 가운데서 부활에 이르려 하노니
>
> 12. 내가 이미 얻었다 함도 아니요 온전히 이루었다 함도 아니라
>   오직 내가 그리스도 예수께 잡힌 바 된 그것을 잡으려고 달려가노라
>
> 13. 형제들아 나는 아직 내가 잡은 줄로 여기지 아니하고
>   오직 한 일 즉 뒤에 있는 것은 잊어버리고 앞에 있는 것을 잡으려고
>
> 14. 푯대를 향하여 그리스도 예수 안에서 하나님이 위에서 부르신
>   부름의 상을 위하여 달려가노라

사도바울이 빌립보 교회에 보내는 서신은 가택연금으로 감옥에서 지낼 때였습니다. 빌립보 교회는 바울이 제일 처음으로 복음을 전했던 곳이고 공동체로 세워진 곳이었습니다.

하지만 들려오는 소문은 그들이 처음 믿었던 열정적인 체험들만 강조하며 그 뒤에는 시들해졌다는 이야기들이었습니다.

첫사랑의 열정만으로 그게 다인 것 마냥 신앙 생활하는 빌립보 교인들을 향해 매일 새롭게 갱신하며 성화를 향한 믿음으로 살아야함을 설명하는 말씀입니다.

그래서 10절에

10. 내가 그리스도와 그 부활의 권능과 그 고난에 참여함을 알고자 하여 그의 죽으심을 본받아

그리고 알아먹기 쉽게 마라톤을 비유로 설명합니다.

12. 내가 이미 얻었다 함도 아니요 온전히 이루었다 함도 아니라 오직 내가 그리스도 예수께 잡힌바 된 그것을 잡으려고 달려가노라

마라톤의 스타트가 빠르다고 자만해서 천천히 뛰어간다면 아직 경주가 끝나지 않은 게 아니냐고 말씀하는 것입니다.

많은 사람들이 왕년에 라고 과거의 영광을 말하곤 합니다. 신앙생활에 있어서도 그렇습니다. 그땐 뜨거웠다고 열정이 있었고 비전에 가슴이 뛰었다고 고백합니다.

하지만 이런 고백은 결국 지금의 현실은 그렇지 못하다는 이야기이기도 합니다.
사실은 계속해서 주님과 뜨거운 신앙의 고백이 있어야 하고 날마다

간증이 넘치면 좋겠는데 그렇지 못한 것이죠.

어느새 식상한 믿음이 되었고 어느새 잊어버려 하얗게 닳아버린 신앙이 되어 버린 것입니다.

인생이 의미 없어진지 오래고 세상 물정에 약삭빠른 사람으로 물질을 쫓아 노예 생활하는 반복적인 삶을 살고 있는 것입니다.

하나님의 비전을 꿈꾸는 건 졸업한지 오래고 주님과 동행은 가방 속에 넣어 버렸고 초신자들을 바라보며 '나도 그땐 그랬지'라고 졸업생처럼 말한다면...

사도바울이 답답해하며 말씀하고 있는 것입니다.

자신도 매일 예수님을 닮으려고, 구원을 위해, 복음을 위해, 민족과 열방을 위해 달려가고 있노라고 고백하는 것입니다.

우리를 이 땅에 보내신 분명한 이유와 목적이 있음을 인지하며 하나님의 인도하심에 따라 살기를 원한다고 말씀하고 있습니다.

14. 푯대를 향하여 그리스도 예수 안에서 하나님이 위에서 부르신 부름의 상을 위하여 달려가노라

푯대와 목적을 향해서, 하나님께 칭찬 받는 삶이 되기 위해서, 부르신

사명과 의미에 걸맞도록...

　　루즈해진 우리 인생에 혹은 세상에 맛들린 우리에게 그게 아니라고
말씀해 주시는 것입니다.

　　우리 인생이 어느 시기를 지나고 있던지 그것은 불평과 원망의
시기가 아니라 하나님의 부르심에 합당한 훈련과 연단의 기간임을
깨닫기 원합니다.

　　요셉의 노예와 감옥, 모세의 광야, 다윗의 목동시절...

　　그들처럼 우리도 준비시키는 과정입니다. 내 삶을 부르신 목적, 내
삶의 이유, 그 방향성에 주목하시기 바랍니다.

　　그리고 하나님을 신뢰하고 믿음으로 나아가기를 바랍니다.

　　푯대를 향하여 가고 있다고 고백한 사도바울처럼 우리의 인생도
그렇게 나아가기를 바랍니다.

　　결국 하나님께서 우리의 인생을 사용하시는 것을 깨닫게 될 때가 올
것입니다.

　　그때 눈물로 벅찬 감동과 기쁨으로 감사 드릴 수 있는 우리가 되기를
소망해 봅니다.

07 하나님을 신뢰하라 (창 39:7~10)

7. 그 후에 그의 주인의 아내가 요셉에게 눈짓하다가 동침하기를 청하니

8. 요셉이 거절하며 자기 주인의 아내에게 이르되 내 주인이 집안의
   모든 소유를 간섭하지 아니하고 다 내 손에 위탁하였으니

9. 이 집에는 나보다 큰 이가 없으며 주인이 아무것도 내게 금하지
   아니하였어도 금한 것은 당신뿐이니 당신은 그의 아내임이라
   그런즉 내가 어찌 이 큰 악을 행하여 하나님께 죄를 지으리이까

10. 여인이 날마다 요셉에게 청하였으나 요셉이 듣지 아니하여
    동침하지 아니할 뿐더러 함께 있지도 아니하니라

요셉의 인생은 오르락 내리락 하는 곡선의 그래프로 그려질 수 있을 것입니다. 요셉이 노예로 팔려가는 순간부터 그의 인생은 아무 의미 없이 버려진 것처럼 보였습니다. 이집트 한가정의 노예로서 요셉은 존재감도 없고 생명의 존엄도 없는 그런 존재였습니다.

그런데 수년간의 노예 인생 가운데 가정 총무를 맡게 됩니다. 이렇게 되어진 상황과 경우도 조금만 생각해 보면 짐작이 되지만 요셉이 무명의 세월을 견디고 최선을 다하지 않고서는 될 수 없었던 상황일 것입니다.

이제 요셉의 인생이 달라졌고 미천한 노예에서 그나마 노예들의 리더로 세워졌으니 하나님의 은혜이며 축복이라고 볼 수 있습니다. 그런데 보디발 아내의 유혹과 그것을 멋지게 이겨낸 요셉의 결단으로 인하여 생각지도 못했던 감옥에 들어가게 됩니다.

노예보다 더 바닥인생인 죄인의 삶으로 감옥에 갇혀 잊혀지게 된 것입니다. 또다시 요셉은 원점보다 못한 자리에 서게 되었습니다. 과연 이것이 하나님의 축복일까요? 은혜일까요?

더구나 요셉이 감옥에 가게 된 것은 어떤 죄가 있어서 간 것이 아니라 억울하게 누명을 써서 가게 된 것이며 게다가 그 근본적인 이유는 하나님에 대한 인식과 믿음의 결단 때문이었습니다.

9절 말씀에 보면 노예 요셉의 마음을 엿볼 수가 있습니다. "내가 어찌 이 큰 악을 행하여 하나님께 죄를 지으리이까..."

그 당시 이집트의 고위층 문화나 로마시대 상류층 문화, 소돔과 고모라의 경우를 통해 예측 가능하듯 공공연한 성적 범죄들이 문제시 되지 않고 통용되던 상황이었을 것입니다.

요셉만 조용히 하면 그냥 무난하게 넘어가는 문제입니다. 더구나 요셉은 당시 27세 청년이었습니다.

상황적으로, 그 당시 윤리와 도덕적으로, 법적으로... 이런 인간들이 세운 기준은 항상 한계가 있고 상황에 따라 다른 기준이 되기 쉽습니다.

하지만 요셉이 고려한 하나님이란 부분은 사회적이거나 국가적인 차원을 넘어서 하나님과 개인적인 부분을 말하는 것입니다.

이건 또 요셉의 상황적인 부분도 넘어서는데 요셉이 노예로 있을 때나 죄인으로 있을 때나 총리로 있을 때, 어느 때든지 요셉은 하나님을 인식하고 살았다는 것을 보여줍니다.

보통 우리는 하나님이 우리의 인생을 어디로 이끄시느냐에 따라서 축복을 논하곤 합니다. 우리의 필요에 하나님을 맞추는 것이 보통입니다. 기도할 때도 그런 방법으로 기도하는 것이 익숙합니다.

하지만 요셉의 인생을 보면 환경이 달라지고 상황이 불리하게 돌아가더라도 하나님을 인식하며 살았던 요셉의 모습을 알 수가 있습니다.

우리의 인생은 지금 어디에 있습니까? 지금 어떤 상황입니까? 세상의 규범과 죄악의 유혹 속에서 어떤 선택과 결정을 합니까?

사실 요셉은 하나님을 인식하고 올바른 선택과 결단을 내렸습니다. 하지만 결과는 참혹했습니다. 도리어 악이 승리하는 것처럼 보였습니다. 억울한 누명을 쓰고 차가운 감옥 바닥에 내동댕이쳐지는 현실입니다.

다니엘과 세 친구처럼 그런 믿음의 결단을 내렸다면 즉각적인 축복을 해주시면 참 좋겠지만 그렇게 인도하시지 않았습니다. 요셉을 감옥에 보내신 것은 요셉을 더욱 연단하시고자 하는 배려였습니다.

이집트의 경제와 정치사범들과 인맥을 트게 하시고 총리가 되기 전에 정세를 배우도록 배려해 주신 것입니다. 결국에는 보디발의 집에 보내신 것도 술 맡은 관원장을 만나게 하신 것도 모두 하나님의 시나리오에 존재하는 것입니다.

요셉은 자신의 인생이 뒤죽박죽되고 온전한 멘탈을 유지하기 힘들만큼 요동치는 삶을 살았지만 그래도 그 속에서 하나님을 바라보는 것은 놓치지 않았습니다.

결국 하나님께서 요셉의 인생을 연단하시고 사용하셔서 민족과 열방을 구원하고 살리는데 사용하십니다.

그렇다면 우리는 어떨까요? 의미 없는 인생을 살고 있습니까? 내 인생이 어떻게 열릴지 몰라 답답하신가요? 믿음의 결단을 해도 아무런 보상이 없이 점점 꼬이기만 하는 인생입니까?

누가 떠오르시지 않나요? 이미 비슷한 삶을 살았던 믿음의 선조들이 있습니다.

중요한 것이 무엇일까요? 어떤 상황에서도 하나님을 신뢰하기입니다.

어떤 현실에서도 하나님을 인식하기입니다. 그리고 하나님과 동행하는 것입니다.

이것이 우리네 인생살이에서 어쩌면 가장 중요한 일입니다. 그렇게 살다보면 결국 하나님께서 우리를 보내신 목적에 맞도록 우리를 사용하시는 날이 올 것입니다.

그때 요셉처럼 하나님께 감사하게 될 것입니다.

왜 나만 이렇게 꼬이는 인생을 살고 있는가? 왜 나에게 이런 일들이 계속 일어나는가? 왜 나만 가지고 그러나?

그러나 잘 생각해 보면 하나님의 깊은 은혜를 깨닫게 되실 것입니다. 요셉처럼 쓰임 받는 인생을 살게 될 겁니다. 날마다 주님과 교제하며 기쁨의 시간들을 보내면 좋겠습니다. 삶이 고될수록 기쁨의 열매도 아주 달게 느껴질 것입니다.

08 실천하는 믿음의 행동 (약 2:14-26)

14. 내 형제들아 만일 사람이 믿음이 있노라 하고 행함이 없으면
    무슨 유익이 있으리요 그 믿음이 능히 자기를 구원하겠느냐

15. 만일 형제나 자매가 헐벗고 일용할 양식이 없는데

16. 너희 중에 누구든지 그에게 이르되 평안히 가라, 덥게 하라,
    배부르게 하라 하며 그 몸에 쓸 것을 주지 아니하면
    무슨 유익이 있으리요

17. 이와 같이 행함이 없는 믿음은 그 자체가 죽은 것이라

18. 어떤 사람은 말하기를 너는 믿음이 있고 나는 행함이 있으니
    행함이 없는 네 믿음을 내게 보이라 나는 행함으로 내 믿음을
    네게 보이리라 하리라

19. 네가 하나님은 한 분이신 줄을 믿느냐 잘하는도다
    귀신들도 믿고 떠느니라

20. 아아 허탄한 사람아 행함이 없는 믿음이 헛것인 줄을 알고자 하느냐

21. 우리 조상 아브라함이 그 아들 이삭을 제단에 바칠 때에 행함으로

의롭다 하심을 받은 것이 아니냐

22. 네가 보거니와 믿음이 그의 행함과 함께 일하고 행함으로
믿음이 온전하게 되었느니라

23. 이에 성경에 이른 바 아브라함이 하나님을 믿으니
이것을 의로 여기셨다는 말씀이 이루어졌고 그는 하나님의 벗이라
칭함을 받았나니

24. 이로 보건대 사람이 행함으로 의롭다 하심을 받고 믿음으로만은
아니니라

25. 또 이와 같이 기생 라합이 사자들을 접대하여 다른 길로 나가게
할 때에 행함으로 의롭다 하심을 받은 것이 아니냐

26. 영혼 없는 몸이 죽은 것 같이 행함이 없는 믿음은 죽은 것이니라

야고보는 믿음 보다 행함을 강조하고 있습니다. 믿음을 강조했던 베드로나 바울은 복음을 처음 듣게 되는 성도들을 향해서 쉬운 복음으로 전도하기 위하여 그렇게 했습니다.

그러나 야고보는 그렇게 믿음을 가지고 어느 정도 신앙생활을

하게 된 이들을 향해 행함에 대한 이야기를 하게 됩니다. 왜냐하면 그들이 믿음만을 우선시하고 행함은 별로 중요하게 생각하지 않았기 때문입니다.

다시 말하면 믿음과 삶이 별개처럼 그렇게 살다보니 애매한 상황에 처하게 된 것입니다. 믿음이 중요하지만 그것을 머리와 마음속에만 채운 채 별개의 삶을 산다면 그건 균형 잡힌 신앙이라고 보기 어렵습니다.

그런데 오늘을 살고 있는 우리들도 이와 비슷한 상황에 있을 때가 많습니다.

하나님을 믿고 있고 성경 지식도 머릿속에 많은데 실제 삶은 그 정도 수준을 따라가지 못합니다.
믿었으니 된 것 아닌가? 믿었으니 천국은 가는 것 아닌가?

우린 도리어 믿고 있으니 우리 삶에 축복을 부어주시고 길을 열어 주시라고 고함을 치며 기도하고 있습니다.

사실은 믿음처럼 삶에도 변화가 있어야 하고 하나님을 신뢰하며 주님의 제자된 자로서 다른 이들을 도우며 산다면 참 좋겠는데 우리의 현실은 초보신자 같습니다.

야고보도 믿음과 행함에 건강한 균형으로 살아가면 좋겠다는 생각을 했을 것입니다.

아브라함의 경우도 하나님을 잘 믿고 독자 이삭을 바치라는 하나님의 명령에 아멘으로 화답했다고 해도 결과적으로 이삭을 바치는 행위를 하지 않았다면 어떻게 되었을까요?

모리아산으로 가지 않았다면, 이삭을 결박하지 않았다면...

말로는, 머리로는, 마음으로는 하나님 말씀대로 순종 하겠습니다라고 큰소리 다 쳐놓았지만 결과적으로 아무런 행동을 하지 않았다면...

왠지 우리의 모습을 보는 것 같습니다. 뜬금없는 곳에서 의문의 1패네요. 우리에게 하시는 말씀 같지 않습니까?

아브라함이 믿음의 조상으로, 약속의 아들 이삭을 통해 확증 받게 되는 때는 바로 그가 하나님의 말씀에 순종하여 믿는 대로 행동하고 나서였습니다.

말뿐인 믿음, 생각뿐인 마음, 심정적인 동의...

정말 우리에게 필요한 것은 실천하는 행동입니다.

우리의 이웃을 사랑해야 한다고 할 때 생각뿐이라면... 주님께선 우리를 바라보시며 얼마나 안타까우실까요?

사랑한다고 한마디 건네 봐야 할 것이고 양보해주고 배려해 주어야 할 것이며 그들을 위해 헌신하는 데까지 나아가야 할 텐데...

사실 하나님께서는 우리를 사용하셔서 세상에 축복과 은혜와 섬김과 배려가 흘러가길 원하시고 그런 영향력으로 세상을 밝히고 맛을 내길 원하실 텐데...

우리는 그 축복과 은혜를 내 안에 가둬두고 꼭 틀어막은 채 나 혼자 다 누리고 살려고 한단 말입니다.

모태신앙이고 수년간 믿음 생활했다는 교인들마다 대부분 이런 식이란 말이죠. 머리만 가득하고 삶은 삐쩍 마른 상황입니다.

선한 양심과 말씀, 성령님의 음성을 통해서 항상 우리에게 어떻게 행동하라고 알려주실 텐데 그때마다 우린 습관적으로 움츠리고 멈추어 나만 알고 끝나버리는 경우가 많았습니다.

사실 우릴 사용하셔서 하나님의 시나리오에 맞도록 그려가고 계신 것인데 번번이 우리에게서 막히고 있는 것입니다.

믿는 만큼 행동해야 합니다. 아는 만큼 실천해야 합니다. 마음만큼 기도해 주고 안아주어야 합니다.

주님께서 그러라고 우릴 부르셨고 우리에게 계속해서 알려주시는 건데도 우린 쑥스러워서, 창피해서, 대인기피증이라, 귀찮아서, 답답하게 매번 그렇게 조용히 과묵하게 지내고 있습니다.

도대체 그런 우리를 어떻게 주님은 사용하실 수가 있을까요?

야고보를 통해서 오늘 말씀을 통해서 좀 깨달아야 합니다.

내 마음에 주시는 생각대로, 믿음의 깨달음만큼 행동한다면 참 좋겠습니다.

믿음으로 골리앗 앞에 서고, 믿음으로 선교하러 나아가고, 믿음으로 기도하는 우리들이 되면 얼마나 좋을까요?

크리스천들의 영향력이 결국 이 땅을 변화시키지 않을까요?

세상 사람들이 욕하는 것처럼 결국 행동하지 않는 크리스천들이 아니라 이젠 가슴 뛰게 행동하는 우리가 되기를 소망합니다.

믿음과 행함이 균형 잡힌 건강한 신앙생활을 할 수 있다면 좋겠습니다.

지금도 하나님의 숱한 명령과 계획들이 소극적인 크리스천들로 인하여 더디게 진행되고 있을 겁니다. 보나마나 말이죠.

행동할 수 있는 믿음이 참 귀한 시대입니다.

09 하나님의 계산대로 (삿 6:11~16)

11. 여호와의 사자가 아비에셀 사람 요아스에게 속한 오브라에 이르러
    상수리나무 아래에 앉으니라 마침 요아스의 아들 기드온이 미디안
    사람에게 알리지 아니하려 하여 밀을 포도주 틀에서 타작하더니

12. 여호와의 사자가 기드온에게 나타나 이르되 큰 용사여 여호와께서
    너와 함께 계시도다 하매

13. 기드온이 그에게 대답하되 오 나의 주여 여호와께서 우리와 함께
    계시면 어찌하여 이 모든 일이 우리에게 일어났나이까 또 우리 조상
    들이 일찍이 우리에게 이르기를 여호와께서 우리를 애굽에서 올라
    오게 하신 것이 아니냐 한 그 모든 이적이 어디 있나이까 이제 여호와
    께서 우리를 버리사 미디안의 손에 우리를 넘겨 주셨나이다 하니

14. 여호와께서 그를 향하여 이르시되 너는 가서 이 너의 힘으로
    이스라엘을 미디안의 손에서 구원하라 내가 너를 보낸 것이 아니냐
    하시니라

15. 그러나 기드온이 그에게 대답하되 오 주여 내가 무엇으로 이스라엘
    을 구원하리이까 보소서 나의 집은 므낫세 중에 극히 약하고 나는
    내 아버지 집에서 가장 작은 자니이다 하니

> 16. 여호와께서 그에게 이르시되 내가 반드시 너와 함께 하리니
> 네가 미디안 사람 치기를 한 사람을 치듯 하리라 하시니라

이스라엘은 미디안에게 7년 동안이나 침략과 약탈을 당해왔습니다. 그래서 이스라엘은 하나님에게 구해달라고 기도하였고 기드온을 세워 미디안에게서 승리하도록 만드십니다.

오늘 말씀은 그 가운데 기드온이 처음으로 하나님의 사자를 만나서 앞으로 이루어질 내용에 대해서 듣게 되는 부분입니다.

기드온의 아버지 요아스도 마을에서 우상신들을 섬기는 제단을 지키는 사람이었고 사실 특별히 내세울게 없는 기드온의 모습이 나옵니다.

첫 등장부터 기드온은 포도주 틀에 숨어서 밀을 타작하고 있습니다. 미디안 사람들에게 들키지 않으려고 그 안에서 말입니다.

얼마나 약탈이 심했으면 지레 겁을 먹고 이렇게 숨어서 타작을 하고 있을까요? 준비된 용사라기보다는 너무나 없어 보이는 모습으로 시작합니다.

초기 기드온의 모습은 마치 우리의 모습과 비슷해 보입니다. 우리도

세상에 세력에 두려워하며 숨어서 간신히 돈을 벌고 하루하루 살아가는 평범한 사람들입니다.

그런데 그런 우리에게 하나님께서 찾아오신 것입니다.

12. 여호와의 사자가 기드온에게 나타나 이르되 큰 용사여 여호와께서 너와 함께 계시도다 하매

하나님의 사자는 미래를 알고 있기 때문에 큰 용사라고 기드온을 부릅니다. 그리고 하나님께서 함께 계시다는 것도 알려줍니다.

기드온의 입장에서는 황당한 상황입니다. 큰 용사라니... 지금 숨어서 밀타작하고 있는 것이 안보이시는지?

기드온은 평상시 갖고 있던 의문점들을 기다렸다는 듯이 하나님의 사자에게 질문합니다.

1. 왜 미디안이 이스라엘을 약탈하고 침략하게 그냥 놔두셨는가?

2. 예전에 이집트에서 광야에서 수많은 기적 가운데 인도하셨던 그 동일한 기적이 왜 지금은 안 일어나는가?

3. 우리 민족을 버리시고 미디안에게 넘겨주신 것이 아닌가?

이 질문은 가만히 생각해보면 우리가 가지고 있는 질문들과

유사합니다.

우리도 이런 생각을 하고 있습니다. 크리스천인데... 하나님을 믿는 사람들인데...

1. 왜 세상 속에서 세상의 세력에 당하며 살게 놔두시는지?

2. 예전에 수많은 기적들이 왜 내 삶에는 안 일어나는지?

3. 나를 버리신 것 아닐까? 세상에 넘겨주신 건가?

이렇게 질문을 정리하고 보니 왠지 비슷해 보입니다.

여기에 대한 시원한 대답을 듣고 싶었지만 대답하시지 않고 다른 말을 하십니다.

기드온이 바라보는 시각과 하나님의 사자가 바라보는 시각 자체가 차원이 다릅니다.

14. 여호와께서 그를 향하여 이르시되 너는 가서 이 너의 힘으로 이스라엘을 미디안의 손에서 구원하라 내가 너를 보낸 것이 아니냐 하시니라

불평과 원망과 의문투성이인 기드온에게 하나님께서는 니 힘으로 미디안 세력에서 너희 민족을 구원해 내라고 너를 보낸 것이 아니냐...!!!

이렇게 말씀하시는 것입니다.

솔직히 기드온은 이런 깊은 뜻이 자신의 인생에 담겨 있는 줄은 꿈에도 몰랐던 것 같습니다.

요셉도 몰랐습니다. 노예로 팔려가고 감옥에 가고 그의 인생은 왜 이렇게 재수가 없나 왜 이렇게 풀리는 게 하나도 없나 생각했을지도 모릅니다.

하지만 하나님의 특별한 계획이 그의 인생에 이루어져 가고 있었습니다. 그야말로 요셉만 몰랐지 하나님과 천사들은 다 알고 있었을 것입니다.

모세도 80세까지는 몰랐습니다. 자신의 민족을 이집트에서 탈출시키고 광야 땅을 인도할거라고는 상상도 못했습니다.

아브라함도 자신이 믿음의 조상이 될 거라고는 생각하지 못했습니다.

다윗도 목동으로 양을 칠 때는 몰랐습니다. 자신이 기름 부음을 받고 이스라엘의 왕이 될 거라고 전혀 상상하지 못했습니다.

모두 하나님의 특별한 계획과 연단, 성숙과 인도하심이 함께 담겨져 있는 인생들이었습니다.

특별한 부르심과 콜링이 그들의 인생 어느 한 부분에 있었습니다.

목적은 동일했습니다. 민족을 살리고 열방을 살리고 영혼들을 살리는데 쓰임 받는 것이었습니다.

기드온도 마찬가지로 지금 콜링을 받고 있는 것입니다. 자신의 인생이 이제 앞으로 어떻게 쓰임 받을지 전혀 이해하지도 못한 채 하나님의 인도하심 앞에 놓여 있는 것입니다.

우리도 동일합니다. 그냥 세상에서 뻔한 인생으로 주저앉고 그렇게 살다가 늙고 죽는 그런 평범한 인생을 예상하고 있다면 그거 아닙니다.

하나님께서 왜 우릴 부르셨을까요? 왜 우릴 만나주시고 믿게 하셨을까요? 왜 우리의 인생에 찾아오셨을까요? 왜 값없이 은혜를 베푸시고 가족 가운데 먼저 부르셨을까요?

우릴 통해서 앞으로 도대체 무슨 일을 하실까요?

바울도 스데반이 순교 당하는 그 자리에 있었지만 앞으로 자신의 인생이 스데반 보다 더 주님께 쓰임 받게 될 거라고는 전혀 눈치 채지 못했습니다.

우리의 인생도 지금까지 살아온 게 다가 아닙니다. 이제 앞으로 어떤 변수를 만나게 될지, 어떤 방향으로 흘러갈지, 어떤 상황으로 발전할지는 그 누구도 장담할 수가 없습니다.

특히 세상 속에 살아가는 크리스천이라면 더욱이나 그렇습니다. 하나님께서 가만 놔두시지 않을 것이기 때문입니다.

아버지의 마음을 알게 하실 것이고 신앙적으로 믿음적으로 성숙하게 만드실 것이며 수많은 믿음의 연단을 통해 정금 같이 뽑아내실 것입니다.

그리고 민족을 살리고 열방을 살리고 영혼을 구원해 내는 일에 자발적으로 뛰어 들도록 만드실 것입니다.

15. 그러나 기드온이 그에게 대답하되 오 주여 내가 무엇으로 이스라엘을 구원하리이까 보소서 나의 집은 므낫세 중에 극히 약하고 나는 내 아버지 집에서 가장 작은 자니이다 하니

기드온의 초기 모습입니다. 하나님은 된다고 하시고 쓰시겠다 하는데 기드온이 그 수준에 따라오질 못하는 것입니다.

하필 기드온은 12지파 중에서도 가장 작은 지파에, 그리고 그 집안들 중에서도 작은 집안에, 그리고 형제들 중에서도 제일 작은 자...

하나님은 항상 제일 약한 자를 들어 쓰십니다.

기드온의 생각에는 온갖 핸디캡은 자신이 다 쓰고 있어서 답이 없어 보이는 인생이겠지만 하나님께서 보실 때는 어떤 모습이라도 그 손에 붙들리면 아무 상관없이 크게 쓰실 것이기 때문에 상관없을 것입니다.

우리의 인생도 그렇습니다. 우리가 가지고 있는 조건, 학력, 스펙, 지식, 인격, 성품, 인맥 그 어떤 것이라도 어떤 수준이라도 괜찮습니다.
자신감을 가져야 합니다. 우리가 누구 손에 붙들리냐에 따라서 우리의 인생은 완전히 바뀔 것이기 때문입니다.

16. 여호와께서 그에게 이르시되 내가 반드시 너와 함께 하리니 네가 미디안 사람 치기를 한 사람을 치듯 하리라 하시니라

미디안의 수많은 적군들과 어떻게 싸울 수 있을까를 염려하는 기드온에게 하나님은 한사람 치듯 하면 된다고 쉽게 말씀하십니다.

우리의 방법과 수단으로 계산하는 것이 아닙니다. 하나님의 방법으로 진행되는 것입니다. 하나님의 계산법이 따로 있습니다.

결국 기드온을 붙드셔서 마을의 우상 제단을 깨부수고 그것이 이스라엘에 소문이 나서 수많은 젊은이들이 기드온 아래로 모이고 함께 전투에 나가려 할 때에 300명만 골라내어 항아리와 횃불만 들고 전쟁터에 나가게 됩니다.

그리고 정말 하나님의 방법으로 기드온을 사용하셔서 큰 용사로 전쟁에서 승리하도록 만드십니다.
하나님의 계획과 섭리를 그 누가 상상이나 할 수 있을까요?

통쾌하게 미디안을 격파해 버리고 이스라엘 백성들이 하나님에게

돌아오도록 만드시는 것입니다.

왠지 우리의 인생에도 소망이 보이는 것 같습니다. 세상적인 계산으로는 이미 노예 인생으로 끝난 것처럼 보이지만 그렇게 뻔하게 끝나지 않을 것입니다.

하나님께서 우리의 인생을 부르시고 하나님의 방법으로 사용하시고 놀라운 인생역전의 드라마를 보여주실 것입니다.

그 하나님을 믿고 신뢰하며 연단과 성숙의 시간을 기도하며 보낼 수 있어야 합니다. 원망과 불평으로 가득 찬 그런 모습이 아니라 주어진 삶을 성실히 인내하며 감사로 살아가는 그런 마음이 필요합니다.

기드온의 이야기를 통해서 우리의 인생을 다시 한 번 생각해 보면 좋겠습니다. 하나님께서 기막힌 인생 스토리를 준비하고 계실 것입니다.

10 믿음이 있느냐? (창세기 17:15~22)

15. 하나님이 또 아브라함에게 이르시되 네 아내 사래는 이름을 사래라 하지 말고 사라라 하라

16. 내가 그에게 복을 주어 그가 네게 아들을 낳아 주게 하며 내가 그에게 복을 주어 그를 여러 민족의 어머니가 되게 하리니 민족의 여러 왕이 그에게서 나리라

17. 아브라함이 엎드려 웃으며 마음속으로 이르되 백 세 된 사람이 어찌 자식을 낳을까 사라는 구십 세니 어찌 출산하리요 하고

18. 아브라함이 이에 하나님께 아뢰되 이스마엘이나 하나님 앞에 살기를 원하나이다

19. 하나님이 이르시되 아니라 네 아내 사라가 네게 아들을 낳으리니 너는 그 이름을 이삭이라 하라 내가 그와 내 언약을 세우리니 그의 후손에게 영원한 언약이 되리라

20. 이스마엘에 대하여는 내가 네 말을 들었나니 내가 그에게 복을 주어 그를 매우 크게 생육하고 번성하게 할지라 그가 열두 두령을 낳으리니 내가 그를 큰 나라가 되게 하려니와

21. 내 언약은 내가 내년 이 시기에 사라가 네게 낳을 이삭과 세우리라

22. 하나님이 아브라함과 말씀을 마치시고 그를 떠나 올라가셨더라

하나님께서 나타나셨습니다. 사래의 이름을 사라로 바꿔주시고 구체적으로 아들이 태어날 것을 말씀하셨습니다.

아브라함은 원래 조카 롯을 후계자로 생각했었습니다. 오래도록 아브라함과 사라 사이에 자식이 없어서 그렇게 포기하고 있었습니다. 하지만 조카 롯도 다른 땅을 선택하여 가버렸습니다.

그래서 사라의 생각대로 하갈과 사이에 이스마엘을 낳게 됩니다. 그리고 이스마엘을 후계자로 생각하며 지낼 때였습니다.

인간적인 생각으로 어쩔 수 없이 급하게 계획된 대로 진행되는 것처럼 보였지만 하나님께서 아브라함에게 그게 아니고 아브라함과 사라 사이에 아들을 주시겠다고 선포하시는 것입니다.

아브라함은 순간 웃음이 터졌습니다. 자신은 100세이고 사라도 90세였기에 어이가 없었습니다.

그래서 아브라함은 이스마엘이나 잘되게 해달라고 부탁합니다.

인간적인 생각으로 단편적으로만 본다면 아브라함이 맞습니다.

100세나 된 노인네에게 어떤 소망이 있을 수 있겠습니까? 그리고 이미 인간적인 방법으로 준비된 이스마엘이 잘 크고 있으니 무얼 더 바라겠습니까!

그런데 하나님은 탐탁치 않으신가 봅니다. 결국 하나님의 의지대로 사래의 이름을 바꾸어 민족과 열방의 어머니로 만들고 웃음이라고 하는 뜻의 이삭이 태어날 것이라고 구체적으로 분명히 말씀하십니다.

나중에 사라도 비웃는 상황이 펼쳐질 정도로 하나님의 이 약속은 당사자인 인간이 이해하기에 쉽지 않았습니다.

그런데 결국 하나님은 잘 알아먹지 못하는 아브라함에게 분명히 자신의 뜻을 전달하시고 떠나가십니다.

우리의 인생 속에서도 이런 경우가 있습니다.

우린 현실에 갇혀서 제한된 고정관념들에 사로잡혀서 하나님의 불가능함이 없는 기적과 섭리에 대해서 이해하지 못할 때가 있습니다.

하나님께서는 우리보다 앞서 가시고 수많은 기적을 일으키시는데도 우리 눈은 가려져 있을 때가 있습니다.

우리에게도 하나님의 비전을 말씀해 주십니다. 우리에게도 불가능해 보이는 기적들을 보여주실 때가 있습니다.

우리는 제한된 사고에 갇혀 있지만 하나님은 열려계신 분이십니다.

아브라함의 시선에서는 하나님의 선포가 말도 안 되는 이야기처럼 들릴 수 있습니다. 그건 아브라함이 가지고 있는 제한된 지식과 사고, 경험 때문입니다.

처음부터 하나님을 자신의 생각 틀 안에 가두어 둔 것입니다. 자신이 생각하는 수준, 상상하는 정도, 꿈꾸는 크기 정도로 하나님을 묶어 둔 것입니다.

적당한 타협, 현실적인 접목, 부딪힐 필요 없는 편함...

하나님께서는 믿음의 조상으로 아브라함을 부르셨습니다. 하나님께서는 아브라함의 혈통을 통해서 수많은 민족과 열방을 세우시며 믿음의 나라를 만드실 원대한 계획과 비전을 가지고 계셨습니다.

하지만 그것을 아무리 설명해도 아브라함의 현실적인 상황 속에서는 이해가 될 수 있는 게 아니었습니다.

그럼에도 불구하고 하나님께서는 친절하게도 설명하면서 천천히 가십니다. 마치 어린아이에게 설명하는 엄마처럼 말입니다.

그냥 기적을 행하셔도 됩니다. 굳이 말하지 않고 말이죠.

하지만 하나님은 그렇게 하지 않으십니다. 굳이 말하십니다. 굳이 설명하시고 굳이 믿음을 확인하십니다.

아브라함에게 설명하면서 나중에 그 기적이 일어났을 때 아브라함이 깨닫고 놀라기를 기대하고 계십니다.

그러면서 아브라함의 믿음이 성장하기를 바라고 계십니다.

왠지 우리에게도 비슷하게 적용되는 원칙인 것 같습니다.

말씀을 통해서 사람들을 통해서 목사님을 통해서 우리에게 깨닫게 하십니다.

우리 삶의 테두리 안에서 도무지 내 힘으로 어떻게 할 수 없을 지경까지 인도하신 후 우리에게 말씀하십니다.

이 다음은 어떻게 될까? 믿음이 있느냐?

하나님께 도움을 요청하며 간절히 기도하지 않으면 안 될 상황으로 인도하십니다.

아직 이루어지지 않고 아직 불투명하며 아직 반반인 그 상황 속에서 우리의 마음을 보십니다.

끝까지 하나님을 신뢰하며 놓치지 않고 기도하며 소망을 품고 가는지 보신단 말입니다.

포기하긴 이릅니다. 아브라함도 100세라고 포기했지만 하나님은 아니라고 말씀하십니다. 가능하다고 말이죠.

우리 인생에서도 바로 이 부분을 이해하는 넉넉한 믿음이 우리에게 있었으면 좋겠습니다.

그 뒤로도 아브라함에게 바로 이삭이 생긴 건 아닙니다. 수많은 일들을 겪으면서 그의 믿음을 연단하시고 세워 가시며 결과적으로 이삭을 얻게 하십니다.

약속의 아들, 비전의 성취, 축복의 시간....

그게 바로 이삭입니다. 웃음이라는 뜻의 이삭... 하나님의 말씀이 이루어지고 난 다음에 기쁨의 순간을 의미하는 게 아닐까요?

우리는 항상 현실과 타협하려고 합니다. 조급하고 영리합니다. 내식으로 하려고 합니다. 내 힘과 방법을 선호합니다.

하지만 조금 기다려 보시면 좋겠습니다.

인내의 믿음으로 하나님의 기적을, 비전 성취를 소망하며...
우리의 인생에도 축복의 이삭이 주어질 날이 찾아올 것입니다.
기쁨으로 환하게 웃을 수 있다면 얼마나 좋을까요?
그때 하나님께 감사드리고 깊이 깨닫는 시간이 될 것입니다.

하나님의 계획은 구체적이고 적절하시며 반드시 이루어집니다.
믿음으로 나아가시기를 기도합니다.

11 너에게 무엇이 있느냐? (왕하 4:1~7)

1. 선지자의 제자들의 아내 중의 한 여인이 엘리사에게 부르짖어 이르되 당신의 종 나의 남편이 이미 죽었는데 당신의 종이 여호와를 경외한 줄은 당신이 아시는 바니이다 이제 빚 준 사람이 와서 나의 두 아이를 데려가 그의 종을 삼고자 하나이다 하니

2. 엘리사가 그에게 이르되 내가 너를 위하여 어떻게 하랴 네 집에 무엇이 있는지 내게 말하라 그가 이르되 계집종의 집에 기름 한 그릇 외에는 아무것도 없나이다 하니

3. 이르되 너는 밖에 나가서 모든 이웃에게 그릇을 빌리라 빈 그릇을 빌리되 조금 빌리지 말고

4. 너는 네 두 아들과 함께 들어가서 문을 닫고 그 모든 그릇에 기름을 부어서 차는 대로 옮겨 놓으라 하니라

5. 여인이 물러가서 그의 두 아들과 함께 문을 닫은 후에 그들은 그릇을 그에게로 가져오고 그는 부었더니

6. 그릇에 다 찬지라 여인이 아들에게 이르되 또 그릇을 내게로 가져오라 하니 아들이 이르되 다른 그릇이 없나이다 하니 기름이 곧 그쳤더라

> 7. 그 여인이 하나님의 사람에게 나아가서 말하니 그가 이르되 너는
> 가서 기름을 팔아 빚을 갚고 남은 것으로 너와 네 두 아들이 생활하라
> 하였더라

엘리사의 제자 중 한 사람이 죽게 되었습니다. 그리고 갑자기 과부가 된 여인에게 빚에 대한 독촉이 들어왔습니다. 가난한 가정에 갚을 수 있는 게 아무것도 없는 상황에서 꼼짝없이 두 아들이 종으로 팔려갈 위기에 처했습니다.

사실 과부가 된 것만으로도 남편을 사별한 것만으로도 앞으로 살아갈 상황을 생각만 해도 너무나 안타깝고 쉽지 않은 상황입니다. 이 여인은 얼마나 울었을까요? 얼마나 하나님께 살아계시다면 도와달라고 기도했을까요?

조금만 생각해 봐도 그 여인의 심정이 어떨지 너무나 쉽게 깨달을 수 있습니다. 주변 사람들도 이 여인의 딱한 심정을 잘 알지만 어떻게 도와줄 방법이 없었습니다. 이렇게 시간이 지나면 어쩔 수 없이 두 아들과도 헤어져야 할 상황입니다.

그래도 다행히 엘리사에게 찾아와 오픈하기 쉽지 않은 이 상황을 말씀드립니다. 그리고 이제 어떻게 해야 할지 질문합니다.

하나님을 잘 섬겼고 하나님의 종으로 준비했던 남편이 죽고 난 이후 분명 이정도면 하나님께서 길을 열어주시고 축복을 100배로 베풀어 주셔야 할 텐데 이건 거의 저주에 가까운 상황입니다.

엘리사도 이 사연을 듣고 "내가 너를 위하여 어떻게 하랴." 라고 물을 정도였습니다. 쉽지 않은 상황... 처절한 현실.... 도와줄 이 없는 이 상황에서 문제가 너무나 커 보이기만 합니다.

그렇습니다. 문제가 너무 커 보입니다. 여리고성이 철벽처럼 느껴지고 골리앗이 괴물처럼 보입니다. 암흑 같이 깊은 홍해 바다가 차갑게 느껴집니다.

이 여인과 우리의 공통점은 여기에 있습니다. 바로 문제를 너무 크게 보는 바람에 거기에 온 신경을 뺏기는 것입니다. 문제만 보니까 답을 찾을 길조차 보이지 않습니다. 도무지 해결의 방법이 없게만 느껴집니다. 벌써 포기하고 절망하게 됩니다.

그런데 여기서 엘리사가 이상한 질문을 합니다.

"네 집에 무엇이 있는지 내게 말하라?"

갑자기 왠 질문일까요? 사실 가난한 집에 무엇이 있겠습니까? 상황은 처절하여 겨우 기름 그릇 하나 남아 있다고 여인이 대답합니다.

기름 그릇....

예수님께서 오병이어로 기적을 일으키실 때 그 작은 도시락...

홍해 바다가 갈라질 때 모세의 손에 들려 있던 지팡이...

골리앗 앞에 다윗의 손에 들려 있던 돌멩이...

너에게 무엇이 있느냐? 이 질문은 오늘날 우리에게도 의미심장하게 들립니다. 너의 달란트가 무엇이냐? 너의 관심은 어디에 있느냐? 네가 할 줄 아는 게 무엇이냐? 너의 인맥은? 너의 직업은?

보잘 것 없는 우리가 가지고 있는 것을 물어보신단 말입니다.

우리가 생각하기에 이 작은 것으로 무엇을 할 수 있을까 싶은 바로 그 작은 것을... 그걸 물어보신다는 것입니다.

그리고 그 작은 것을 통해 역사하시고 기적을 일으키시는 것입니다.

왜 그러실까요?

달란트를 종들에게 맡긴 주인처럼 하나님께서 우리에게 원하시는 부분은 참여라는 부분입니다.

믿음의 참여를 이야기 하는 것이죠.

그저 우린 손 놓고 아무것도 안했는데 하나님께서 역사하셨다 이런 그림을 바라시는 게 아닙니다. 작게라도 우리가 할 수 있는 것을 하면 거기에 더해서 하나님께서 함께 역사하시는 그림을 그리고 계신 것입니다.

그러니까 이 여인의 집에 뭐 하나라도 있다면 그것을 활용해서 넘치도록 부어주신다는 것이 하나님의 계획인 것입니다.

결국 사람들에게 빌려온 수많은 그릇을 모두 채울 때까지 기름이 떨어지지 않습니다.

오늘 우리에게도 마찬가지입니다. 현실과 문제에 덜덜 떨면서 도저히 답을 찾을 수 없어 낙심하고 포기하는 우리들에게 주님은 물어보십니다.

네가 가지고 있는 게 무엇이냐? 네가 할 수 있는 게 무엇이냐? 너의 달란트가 무엇이냐?

주님 그건 보잘 것 없고 작은 것입니다. 그것으로는 오천 명을 먹일 수도 없고 그것으로는 골리앗을 쓰러뜨릴 수 없고 그것으로는 홍해 바다를 열수도 없습니다.

기름 그릇 하나 그것으로는 제 문제를 해결할 수 없습니다.

이게 부정적이며 근시안적인 우리의 믿음 없는 현주소입니다.

그러나 하나님께서는 '뭐 하나라도 갖고만 있어다오. 그것을 사용해서 기적을 일으켜주마'라고 보고 계십니다.

문제 중심으로 희비애락이 갈리는 우리의 편협한 관점이 믿음과 기적의 하나님 관점으로 변화되어야 합니다.

내 달란트를 드려야 합니다. 내가 할 수 있는 것을 통해 역사하시는 주님을 예상할 수 있는 믿음이 필요합니다.

내 인맥, 내 상황, 내 물질, 내 마음, 내가 가지고 있는 작은 것
돌멩이 같은 그것을 들어 쓰신다는 말입니다.

믿음을 가지고 골리앗이라는 문제 앞에 담대하게 섰던 다윗처럼 우리도 그렇게 담대하게 서야 할 필요가 있다는 것입니다.

세상 적으로 볼 땐 한없이 불쌍한 이 여인이 엘리사 앞에 문제를 가지고 나왔을 때 이제 새로운 기적이 일어나게 된 것처럼 우리도 동일하게 하나님께 문제를 아뢰어야 합니다.

그리고 기막힌 하나님의 기적을 목도해야 합니다.

문제의 관점이 아닌 믿음의 관점을 가지시기 바랍니다.

우리의 달란트를 활용하시기 바랍니다. 그냥 멈추고 가리고 숨겨두면 안 됩니다. 아주 작은 것이라도 꺼내서 믿음 가운데 사용해야 합니다. 그때부터 하나님의 역사가 시작되겠지요.

이 여인은 그렇게 얻은 기름 그릇을 엘리사에게 찾아와 상의합니다. 갑자기 얻게 되어 놀랍기도 하고 자신의 힘이 아니라 온전히 하나님의 역사하심을 너무나 극명하게 깨달았기 때문에 어떻게 사용해야 할지도 역시 물어보게 됩니다.

엘리사 선지자는 그것을 통해 빚을 갚고 과부가 생활하면 좋겠다고 말해줍니다. 편안한 마음으로 돌아가도록 말이죠.

결국 하나님께서도 우리에게 이런 마음이시지 않을까요?

우리의 삶은 하나님께서 허락하셨고 우리의 달란트도 주님께서 주셨다면 이 땅에서의 삶 동안에 신명나게 살아봐야 하지 않겠습니까?

믿음으로 도전하고 신실하게 살아보고 미션과 비전에 두근거리는 삶, 그리고 눈물과 열정의 기도를 드리며 매순간 하나님께서 함께 하심이 기적임을 고백하는 우리들이 되어야 하지 않을까요?

그 여인과 별반 다를 것 없어 보이는 우리네 삶에 주님께서 오늘도 동행해 주십니다. 벅찬 감격과 감동을 어떻게 표현하지도 못한 채 또 시간이 흐릅니다. 최소한 감사하다고 고백은 할 수 있어야 하지 않을까요?

믿음의 관점....

우리에게 꼭 필요합니다. 그러면 기막힌 은혜를 경험하게 될
것입니다.

12 매여 있는 곳에서 자유하라 (눅 7:11~17)

11. 그 후에 예수께서 나인이란 성으로 가실새 제자와 많은 무리가 동행하더니

12. 성문에 가까이 이르실 때에 사람들이 한 죽은 자를 메고 나오니 이는 한 어머니의 독자요 그의 어머니는 과부라 그 성의 많은 사람도 그와 함께 나오거늘

13. 주께서 과부를 보시고 불쌍히 여기사 울지 말라 하시고

14. 가까이 가서 그 관에 손을 대시니 멘 자들이 서는지라 예수께서 이르시되 청년아 내가 네게 말하노니 일어나라 하시매

15. 죽었던 자가 일어나 앉고 말도 하거늘 예수께서 그를 어머니에게 주시니

16. 모든 사람이 두려워하며 하나님께 영광을 돌려 이르되 큰 선지자가 우리 가운데 일어나셨다 하고 또 하나님께서 자기 백성을 돌보셨다 하더라

17. 예수께 대한 이 소문이 온 유대와 사방에 두루 퍼지니라

기쁘고 즐거운 뜻이 담겨 있는 나인성 앞에서 통곡의 장례행렬과 만나게 되었으니 아이러니한 상황입니다.

전날 예수님은 백부장의 종을 고쳐주셨는데 이제 길을 지나시다가 이런 상황을 마주하게 되었습니다.

예수님이 장례행렬을 바라보시다가 과부를 보게 됩니다. 우리와 다르게 겉모습만 보시는 게 아니라 그 사람의 사연도 보셨을 텐데 결과적으로 이 여인의 기구한 운명을 보게 되셨을 것입니다.

이 여인은 과부였고 이미 한차례 남편의 장례를 치른 적이 있었습니다. 그때도 이 세상 어떻게 살아가야 하나 하고 원망과 슬픔의 기도를 드리며 장례 행렬을 따라 나선 적이 있었는데...

그래도 그때 그나마 버틸 수 있었던 것은 외동아들이 있었기 때문이었습니다. 그래도 아들 하나 때문에 버팀목이 되어 모진 세상 그럭저럭 버티며 이 악물고 살았을 게 뻔히 보이는데...

희한하게도 이런 모진 인생은 또 다른 문제가 터지게 마련입니다. 산 넘어 산이고 고생이 끝났다 싶으면 또 다른 고생문이 열리는 게 보통입니다.

역시나 이번엔 다 큰 아들의 갑작스런 죽음 앞에 정말 어떻게 해 볼수 없는 슬픔으로 세상을 포기해야 할지도 모르는 순간에 처했습니다.

세상에 낙이 없어 이제 살수가 없다고 고민하며 눈물로 장례 행렬을 뒤 따라 가던 여인과 예수님이 마주친 것입니다.

예수님은 한눈에 여인의 사연을 다 이해하셨고 이 여인을 살리기 위해서는 그 아들을 살리는 것 외엔 어떤 방법도 없음을 아셨습니다.

여인이 너무나 불쌍하게 느껴지셨을 것입니다.

13. 주께서 과부를 보시고 불쌍히 여기사 울지 말라 하시고...

하염없이 쏟아지는 눈물... 어쩌면 장례를 마친 후 자신도 함께 죽을 것이니까 괜찮다고 계속 다짐하던 중인지도 모르겠습니다.

그때 예수님이 울지 말라고 다가와서 친히 말씀해 주십니다.

세상에 그 누구하나 도와줄 리가 없었는데 생전 처음 보는 예수님이 그녀의 마음을 꿰뚫는 것처럼 위로해 주시는 것입니다.

우리의 인생도 그렇습니다. 나 혼자의 힘으로 안간힘을 쓰며 어린아이 하나 때문에 살아가던 과부처럼 우리도 그렇게 살아가고 있습니다.

애써 우리 인생에 의미를 부여하고 애써 돈 버는 것을 목표로 삼고 성공하고 부귀영화라도 누릴 날을 기대하며 그렇게 하루하루 연명하고 있습니다.

결국 우리 인생에서 손에 잡히는 건 없습니다. 수많은 허상을 쫓느라 정신없이 바쁜 인생을 메말라 버린 눈물자국으로 앙상하게 살아가고 있는지도 모릅니다.

그런데 그 인생에 예수님이 어느 날 찾아오셨습니다.

그리고 우리를 위로해 주시고 다독여 주십니다. 충분히 열심히 살았고 최선을 다했으며 괜찮으니 울지 말라고 말씀해 주십니다.

과부가 인생의 목적으로 삼았던 외동아들은 결국 과부의 참 인생의 목적과는 거리가 있었습니다.

우리 인생에도 우리가 생각하는 외동아들과 같은 사심어린 목적은 소망 없는 헛것인 가능성이 높습니다.

우리 인생의 참 목적은 어디에 있어야 하는 걸까요?

죽어간 외동아들 붙잡고 하염없이 눈물 흘리며 모든 것을 포기하고 죽기만을 원하는 그 시점에 예수님께서 찾아오신 것입니다.

우리의 인생도 과부와 비슷해 보입니다. 우리 인생도 엉뚱한 것에 집중하여 바쁘기만 한 것 같아 보입니다.

외동아들에게서 벗어나 자신의 인생을 바라보는 과부였다면 얼마나 좋았을까요? 욕심과 집착으로 인해 얼룩진 참 고된 인생을 살았습니다.

예수님께서 그 과부에게 해주고 싶은 말씀들이 많으셨겠지만 지금 당장 과부를 살릴 수 있는 길은 그 아들을 살려내는 방법 밖에는 없었습니다.

그러고 나서 과부가 자신의 인생을 똑바로 바라볼 수 있게 도와주는 편이 더 좋아 보입니다.

예수님의 생전에 3번 사람을 살리는 기적을 행하셨는데, 나사로와 야이로의 딸(달리다굼), 그리고 오늘 이 청년을 살려내시는 것입니다.

그로인하여 항상 고려하신 건 그 죽은 사람이 아니라 그 주변 사람이었습니다. 마르다와 마리아, 야이로, 그리고 과부

그들의 삶이 바뀌고 믿음으로 변화되길 원하셨습니다.

예수님도 부활하셨습니다. 예수님이 십자가 처형으로 돌아가시고 무덤에 안치되자 제자들은 완전히 멘붕상태가 되어 버렸습니다.

이제 어떻게 해야 하는지도 구체적으로 몰랐습니다.

예수님만 쫓아 다녔던 그들에게 예수님의 부활로 인해 변화가 생겼습니다. 이제 스스로 주체적인 삶을 찾아 복음을 전하는 전도자요

사도로 완벽히 변화되는 것이었습니다.

우리의 인생도 마찬가지입니다.
예수님은 우리에게도 찾아오셨습니다. 심지어 우리와 동행하신다고 배웠습니다. 용기 내어 기도하면 응답해 주십니다.

그렇다면 이제 우리의 인생은 어떤 방향으로 흘러가야 할까요?

엉뚱한 것에 매여 있다면 이젠 좀 프리해야 하지 않을까요?

예수님은 그 당시 관에 손대면 부정해지는 율법 조항까지도 고려하지 않으시고 관을 멈추시고 손대시어 청년을 살려 내십니다.

그리고 그 과부에게 건네주십니다.
과부는 얼마나 기적 같은 상황을 경험하게 된 걸까요?
그의 인생에 이런 기적이 또 찾아 올 수 있을까요?

그리고 방금 전까지 펑펑 울던 자신이 이젠 기쁨의 눈물을 흘리게 되면서 무언가 깨닫게 되지 않았을까요?

사람에게 매여 있고 상황에 매여 있고 현실에 매여 있는 그래서 울고불고 웃고 있는 우리네 인생사에서 눈을 들어 참 의미 있는 삶을 살아야겠다는 번개 같은 깨달음을 얻지 않았을까요?

우리 인생도 그렇습니다. 오늘 말씀을 머릿속에 그리며 무언가 우리도 깨달아지는 것이 있지 않습니까?

그저 슬픈 과부의 이야기로 끝나는 게 아니지 않을까요?

그냥 이런 이야기를 여기에 써 두신 것으로, 대단하게 생각하는 것만으로 끝나는 것이 아니라 그 이야기를 통해 오늘날 우리까지 변화시키시니 놀라운 게 아닙니까?

욕심과 집착에 눈이 멀어 노예처럼 살아가고 있는 우리들에게도 해당되는 이야기가 아닙니까?

이 땅에서의 인생에 대해 다시 한 번 생각해 볼 수 있는 시간이 아닐까요?

예수님께서 우리에게도 찾아오셨습니다. 그리고 우리를 위로하시고 다독여 주십니다.
이제 그 주님을 좀 바라보면 좋겠습니다.

밤새 눈물로 하나님께 기도했을 그 과부에게 친히 찾아가셔서 응답해 주신 예수님... 오늘날 우리에게도 동일하게 찾아오셨습니다.
우리의 부르짖음에 응답하십니다.
우리의 상한 마음과 눈물을 보고 계십니다.
그리고 참된 것을 바라볼 수 있도록 우리를 깨우쳐 주십니다.

소망, 복음, 생명, 부활, 의미, 은혜...

과부와 별반 다를 게 없는 초라한 우리 인생에 부활하신 주님께서 찾아오셨습니다. 이것만으로도 충분한 복음입니다.

그 주님께서 우리의 인생을 이끌어 가시면 좋겠습니다.
믿음의 눈을 뜨고 따라갔으면 좋겠습니다.

13 욕심을 내려놓고 하나님을 선택하라 (왕 5:20~27)

20. 하나님의 사람 엘리사의 사환 게하시가 스스로 이르되 내 주인이
    이 아람 사람 나아만에게 면하여 주고 그가 가지고 온 것을 그의
    손에서 받지 아니하였도다 여호와께서 살아 계심을 두고
    맹세하노니 내가 그를 쫓아가서 무엇이든지 그에게서 받으리라 하고

21. 나아만의 뒤를 쫓아가니 나아만이 자기 뒤에 달려옴을 보고
    수레에서 내려 맞이하여 이르되 평안이냐 하니

22. 그가 이르되 평안하나이다 우리 주인께서 나를 보내시며
    말씀하시기를 지금 선지자의 제자 중에 두 청년이 에브라임
    산지에서부터 내게로 왔으니 청하건대 당신은 그들에게
    은 한 달란트와 옷 두 벌을 주라 하시더이다

23. 나아만이 이르되 바라건대 두 달란트를 받으라 하고 그를 강권하여
    은 두 달란트를 두 전대에 넣어 매고 옷 두 벌을 아울러 두 사환에게
    지우매 그들이 게하시 앞에서 지고 가니라

24. 언덕에 이르러서는 게하시가 그 물건을 두 사환의 손에서 받아
    집에 감추고 그들을 보내 가게 한 후

25. 들어가 그의 주인 앞에 서니 엘리사가 이르되

> 게하시야 네가 어디서 오느냐 하니 대답하되 당신의 종이 아무데도
> 가지 아니하였나이다 하니라
>
> 26. 엘리사가 이르되 한 사람이 수레에서 내려 너를 맞이할 때에
>   내 마음이 함께 가지 아니하였느냐 지금이 어찌 은을 받으며
>   옷을 받으며 감람원이나 포도원이나 양이나 소나 남종이나 여종을
>   받을 때이냐
>
> 27. 그러므로 나아만의 나병이 네게 들어 네 자손에게 미쳐 영원토록
>   이르리라 하니 게하시가 그 앞에서 물러나오매 나병이 발하여
>   눈같이 되었더라

분명히 엘리사는 기적을 체험한 나아만 장군이 감사 표시로 예물을
드리려고 할 때 받지 않았습니다. 하나님의 은혜를 공짜로 베풀고자
함이었습니다.

하지만 엘리사의 사환이었던 게하시는 생각이 달랐습니다. 저건
당연히 받아야지라는 생각이었습니다. 적국의 장군이 이렇게 찾아와서
불치병을 고침 받았다면 적어도 응당 치러야 할 값이 있다고 생각한
것입니다.

그리고 그 생각 깊은 곳에는 게하시의 욕심이 자리 잡고 있었습니다.

겉으로는 민족을 위하는 척 했지만 실상은 그렇지 않았던 것 같습니다.

게하시는 급히 청년 두 명과 함께 나아만 장군을 뒤쫓아 갑니다.

나아만 장군은 수레에서 내려와 그들을 맞이합니다. 예전 같았다면 수레에서 내려올 일이 없는 고위층의 나아만이었지만 확실히 기적을 체험한 후 사람이 바뀌었습니다.
겸손하게 내려와 사환 게하시에게 별일 없냐고 물어봅니다.

게하시는 첫 번째 거짓말을 합니다. 가난한 청년들을 위해서 은 한 달란트와 옷 두벌을 달라고 엘리사 선지자가 부탁하더라고 말이죠.

참고로 은 한 달란트는 오늘날 시세로 대략 5-6천만원 정도입니다. 여기서 말하는 옷도 오늘날로 말하자면 앙드레김이 제작한 특별한 옷으로 고관대작들이 입는 옷이었습니다. 많이 비쌌겠죠.

나아만 장군은 한술 더 떠서 은 두 달란트를 주고 옷도 두벌 주고 돌아갑니다.

게하시의 작전이 잘 통했습니다. 나아만 장군은 적게라도 은혜를 갚을 수 있었으니 감사하게 생각했을 것입니다.

24. 언덕에 이르러서는 게하시가 그 물건을 두 사환의 손에서 받아 집에 감추고 그들을 보내 가게 한 후

돌아와서 두 사환을 보내고 집에 감추게 됩니다. 게하시의 계획안에 있던 대로 욕심에 사로잡혀서 이렇게 행동합니다.

그리고 엘리사 선지자가 불러서 그 앞에 서게 됩니다.

여기까지만 해도 게하시의 앞날은 밝아 보입니다. 특별히 누구에게 걸릴 것도 아니고 계획대로만 된다면 즐겁고 평안한 나날들을 기대해 볼 수 있게 되었습니다.

25절에서 게하시에게 어디 갔다 오는 길이냐고 엘리사 선지자가 물어봅니다. 그때 두 번째 거짓말을 합니다. "아무데도 가지 않았습니다". 라고 말이죠.

결국 상황을 수습하기 위해 계속되어 거짓말을 하게 됩니다.

하지만 엘리사 선지자가 모르고 있을 리가 없습니다.

26. 엘리사가 이르되 한 사람이 수레에서 내려 너를 맞이할 때에 내 마음이 함께 가지 아니하였느냐 지금이 어찌 은을 받으며 옷을 받으며 감람원이나 포도원이나 양이나 소나 남종이나 여종을 받을 때이냐

너무나 정확히 알려줍니다. 나아만 장군이 수레에서 내려 게하시를 맞이했고 은 달란트와 옷을 받았으며 그리고 그걸 가지고 게하시가 무엇을 상상했는지도 맞춰버렸습니다.

그 돈으로 감람원이나 포도원을 사고 양과 소를 기르고 남종과 여종을 놓고 살 것이라는 게하시의 마음속 계획까지 정확히 들통나버린 것입니다.

그리고 나아만에게 있었던 나병의 저주가 게하시와 자손에게 주어집니다.

나아만 장군의 기막힌 기적사건이 결국 게하시의 욕심과 저주 이야기로 마무리 됩니다.

분명 게하시는 일반적인 사람이 아니었습니다. 엘리사 선지자 옆에서 함께 기적을 체험하며 하나님에 대해서 너무나 잘 알고 있는 사람이었습니다.

그런데 그가 결국 이기적인 욕심에 사로잡혀서 이렇게 되고 말았습니다.

우리도 그럴 때가 있습니다. 분명 크리스천이고 믿는 사람이지만 이기적인 욕심으로 눈이 멀게 되고 세상에 대한 환상으로 주님의 일을 놓아 버릴 때가 있습니다.

어쩌면 알아서 더 잘해야 할 텐데... 욕심이 문제입니다.
욕심에 눈이 어두워지고 결국 선택에서 지게 됩니다.

하나님께서 기뻐하실만한 선택을 하며 살아야 할 텐데 우린 사사건건 그 반대의 선택을 하는 인생을 살게 됩니다.

왜 그런 걸까요?

이 땅에 대한 욕심이 크기 때문입니다. 천국에 대한 소망은 비현실적으로 보이고 이 땅에서의 현물은 눈에 너무나 크게 보이기 때문입니다.

이 땅에서 노후까지 편안하게 보낼 수 있도록 연금과 보험에 투자하고 있습니다.

성경에 나오는 곡식을 창고에 가득 채우고 창고를 하나 더 지어야겠다고 고민하는 부자와 다를 바가 없습니다. 결국 그 밤에 하나님께서 데려가시면 부자의 그 고민과 곡식 창고는 아무 소용이 없을 뿐만 아니라 다른 사람의 것이 될 텐데 말입니다.

부질없는 그 욕심으로 세상을 바라보며 살아가고 있습니다. 더 안정적인 자리, 더 좋은 위치, 더 큰 돈을 바라보며 의미 있는 인생을 내려놓고 현실주의로 살아가고 있다는 것이죠.

하나님은 어떤 마음이실까요?
엘리사는 게하시를 바라보며 어떤 마음이셨을까요?
헛된 것, 헛된 삶...

우리의 꿈과 소망은 천국에 있어야 합니다. 그리고 세상을 다시 바라보면 이 땅에 있는 동안 어떻게 사는 게 의미 있는지 깨닫게 됩니다.

우리가 할 수 있는 한 다른 사람을 도와주고 민족과 열방에 복음을 전하고 그들에게 소망을 보여주는 인생을 살아야 합니다.

욕심에 눈이 멀어 탑하나 쌓다가 끝나는 인생이 아니라 하나님의 은혜를 나눌 수 있는 사람이 되어야 합니다.

돈이면 다다라고 하는 세상에서 의미 있는 삶을 추구해야 합니다.

게하시는 결국 뜻을 이루지 못하고 주님께 용서와 자비를 구할 수밖에 없는 상황에 처하게 됩니다.

엘리사는 계속해서 하나님께 쓰임 받는 삶을 살게 됩니다.

우리의 인생도 그 선택의 기로에 서 있습니다.

우리 각자의 자리에서 무엇이 더 중요한지, 어떤 선택을 하며 살아야 할지 고민해 보시면 좋겠습니다.

인생 다 산후 죽음으로 끝이 아니라 천국의 삶이 영생으로 주어졌다면 이제 우리가 선택할 수 있는 것은 잠시 머무는 이 땅에서 어떻게 살아야 하는지 입니다.

하나님이 기뻐하실만한 선택을 하며 살아가는 우리들이 되기를
소망해봅니다.

욕심 쫓다가 벼랑 끝에 떨어지지 말고 소망을 쫓다가 하나님께 쓰임
받기를 바랍니다.

14 주님을 향한 마음 때문에 (눅 7:36~50)

36. 한 바리새인이 예수께 자기와 함께 잡수시기를 청하니
    이에 바리새인의 집에 들어가 앉으셨을 때에

37. 그 동네에 죄를 지은 한 여자가 있어 예수께서 바리새인의 집에
    앉아 계심을 알고 향유 담은 옥합을 가지고 와서

38. 예수의 뒤로 그 발 곁에 서서 울며 눈물로 그 발을 적시고
    자기 머리털로 닦고 그 발에 입맞추고 향유를 부으니

39. 예수를 청한 바리새인이 그것을 보고 마음에 이르되 이 사람이
    만일 선지자라면 자기를 만지는 이 여자가 누구며 어떠한 자
    곧 죄인인 줄을 알았으리라 하거늘

40. 예수께서 대답하여 이르시되 시몬아 내가 네게 이를 말이 있다
    하시니 그가 이르되 선생님 말씀하소서

41. 이르시되 빚 주는 사람에게 빚진 자가 둘이 있어 하나는
    오백 데나리온을 졌고 하나는 오십 데나리온을 졌는데

42. 갚을 것이 없으므로 둘 다 탕감하여 주었으니 둘 중에 누가 그를
    더 사랑하겠느냐

43. 시몬이 대답하여 이르되 내 생각에는 많이 탕감함을 받은
   자니이다 이르시되 네 판단이 옳다 하시고

44. 그 여자를 돌아보시며 시몬에게 이르시되 이 여자를 보느냐
   내가 네 집에 들어올 때 너는 내게 발 씻을 물도 주지 아니하였으되
   이 여자는 눈물로 내 발을 적시고 그 머리털로 닦았으며

45. 너는 내게 입맞추지 아니하였으되 그는 내가 들어올 때로부터
   내 발에 입맞추기를 그치지 아니하였으며

46. 너는 내 머리에 감람유도 붓지 아니하였으되 그는 향유를 내 발에
   부었느니라

47. 이러므로 내가 네게 말하노니 그의 많은 죄가 사하여졌도다
   이는 그의 사랑함이 많음이라 사함을 받은 일이 적은 자는 적게
   사랑하느니라

48. 이에 여자에게 이르시되 네 죄 사함을 받았느니라 하시니

49. 함께 앉아 있는 자들이 속으로 말하되 이가 누구이기에 죄도
   사하는가 하더라

50. 예수께서 여자에게 이르시되 네 믿음이 너를 구원하였으니
   평안히 가라 하시니라

오늘 말씀은 예수님이 시몬이라는 바리새인의 집에 초대 받은 중에 일어난 일에 대해서 나와 있습니다.

바리새인들의 겉과 속이 다르다고 비난의 수위를 높이셨던 예수님의 행보에 비해선 의외로 직접 이렇게 바리새인의 초청에 응하셨던 적도 있으십니다.

사실 향유 옥합을 예수님에게 부어버린 여인에 대해서 집중하기 쉽겠지만, 그것과 더불어 바리새인과 우리에게 깨닫게 하시려는 바가 있다는 것을 바라보실 수 있어야 합니다.

먼저 바리새인의 태도와 예수님을 초청한 의도에 대해서 생각해 봐야 하는데요. 그 부분은 39절에 예수님이 선지자라면(예언자) '왜 죄인인 여인을 그냥 놔두시는가?'라고 하는 부분에서 살펴볼 수가 있습니다.

결국 바리새인은 예수님을 그리스도이자 선지자로 100% 여기며 초청한 게 아닌 것이죠. 반신반의하는 상태에서 예수님을 초청한 것입니다.

워낙 유명한 소문으로 인해 자신도 초청을 한 것인데 어쩌면 가까이서 지켜보자는 쪽일 수도 있습니다.

그리고 그런 바리새인의 냉소적인 입장은 예수님이 여인과 비교하는 장면에서 여실히 드러나게 됩니다.

들어올 때 당연히 해주어야 할 기본적인 예의, 발 씻을 물, 수건, 머리에 감람유, 이런 것도 해주지 않은 것이죠.

그런데도 예수님을 초청해 놓고 함께 이야기를 나누고 있는 상황이었을 것입니다.

그리고 예수님뿐만 아니라 제자들과 따르는 무리, 그리고 동네 사람들까지 함께 모여 거의 동네잔치 수준으로 진행되는 어수선한 사이에 한 여인이 예수님 뒤에 서게 됩니다.

동네 사람들은 모두 다 알고 있는 누가 봐도 죄인인 여인이었습니다. 성적인 죄인으로 여겨지죠.

그런데 이 여인은 예수님에 대한 소문을 많이 듣고 자신의 씻을 수 없는 족쇄 같은 죄를 가지고 주님 뒤에 서게 된 것입니다.

'예수님은 내 마음을 아시겠지.'
'예수님이라면 뉘우치고 용서 받고 싶은 내 심정을 아시겠지.'

쏟아지는 눈물... 예수님의 발에 눈물을 흘리며 머리카락으로 닦아 드리고 가져온 로마 귀부인들이 사용하는 값비싼 향유옥합 병을 깨뜨려 귀한 기름을 예수님의 발에 부어 드립니다.

여인은 죄인이기에 그 자리에 있는 것만으로도 욕을 먹을 텐데...

게다가 예수님의 발에 번잡스럽게... 그리고 그 비싼 향유옥합까지...

도대체 왜 저러는 건지 주변 사람들은 감을 잡지 못할 만 합니다.

하지만 예수님은 너무나 잘 알고 계셨죠. 그 여인의 마음을 충분히 공감하고 이해하셨을 것입니다.

그 여인의 지워지지 않는 죄의 문제... 그것에서 자유롭게 되고 싶은 마음, 순수한 영혼을 보셨을 것입니다.

그래서 그 여인에게
48. 이에 여자에게 이르시되 네 죄 사함을 받았느니라 하시니

이렇게 말씀하시고 평안히 가라고 하시는 것입니다.

그렇다면 여기까지 여인과 관련된 상황은 이해가 될거 같은데 아직 남은 사람이 있습니다. 바로 바리새인이죠.

예수님은 전혀 상황을 이해하지 못하고 예수님을 잘못 본거구나라고 자체평가 내리고 있는 바리새인에게 상황을 설명해 주십니다.

그리고 비교하시면서 결국 예수님을 향해 제대로 된 섬김의 마음 없이 초청한 바리새인의 민낯을 드러내십니다.

그 여인처럼 그런 간절한 섬김은 없더라도 최소한 어느 정도의 마음은 있어야 하지 않을까요?

그래도 바리새인이 뻘쭘해 하지 않도록 우리나라 돈으로 5천만원과 5백만원의 빚을 탕감 받은 이야기를 통해 누가 더 고마워 하겠는지 물어보십니다.

당연히 많이 탕감 받은 자입니다.
그래서 감사가 넘치고 은혜가 넘치며 사랑이 넘치는 거라고 말씀해 주십니다.
저 여인이 그래서 그런 거라고 말이죠.
그렇다면 바리새인은?

그런데 여기서 한명 더 생각해 볼 사람이 있습니다.
바로 "나" 입니다.
나도, 우리도 예수님을 우리 안에 모셨습니다. 아마 영접기도라고 들어보셨고 직접 해보셨을 것입니다.

예수님을 우리 속에 모셔 놓고 여전히 우리는 바리새인처럼 상황에 따라 현실에 따라 예수님을 제대로 믿지 못하고 의심하곤 했습니다.

'예수님이 그렇지 뭐... 항상 이런 결과지... 기대해 봐야 무슨 소용이야... 기도할 필요도 없어...'

그동안의 우리의 자화상입니다.

바리새인, 우리...

예수님의 뒤에만 서있어도 눈물이 흘러내리던 저 여인...

어쩌면 우리에게 그 마음을 깨닫기 원하시는 게 아닐까요?

우리의 무뎌진 심령은 여전히 냉소적인 바리새인처럼 계산기를 두들기고 있을 때...

주님은 어떻게 바라보실까요?

주님을 모시고 살면서 우린 기본적인 섬김은 하고 있나요?

주님께 헌신하고 드리는 삶...

여유가 있어서가 아니라 마음이 있어서입니다.

사람이 아니라 주님 때문입니다.

내 삶을 드리는 것도, 시간과 물질과 재능을 헌신하는 것도...

기쁨과 감사와 눈물로 드리는 것은....

그 여인과 같은 마음이라서 그런 것입니다.

우리를 죄에서 자유케 하시고 사슬에서 풀어주시고

평안하라고 말씀해 주시는 그 사랑의 음성 때문입니다.

여인의 믿음처럼 말입니다.

우리 안에도 넘치는 사랑이 흘러가서 주변을 적시기 원합니다.

15 믿음으로 순종하라 (창 26:1~6)

1. 아브라함 때에 첫 흉년이 들었더니 그 땅에 또 흉년이 들매 이삭이
   그랄로 가서 블레셋 왕 아비멜렉에게 이르렀더니

2. 여호와께서 이삭에게 나타나 이르시되 애굽으로 내려가지 말고
   내가 네게 지시하는 땅에 거주하라

3. 이 땅에 거류하면 내가 너와 함께 있어 네게 복을 주고 내가 이 모든
   땅을 너와 네 자손에게 주리라 내가 네 아버지 아브라함에게 맹세한
   것을 이루어

4. 네 자손을 하늘의 별과 같이 번성하게 하며 이 모든 땅을
   네 자손에게 주리니 네 자손으로 말미암아 천하 만민이 복을
   받으리라

5. 이는 아브라함이 내 말을 순종하고 내 명령과 내 계명과 내 율례와
   내 법도를 지켰음이라 하시니라

6. 이삭이 그랄에 거주하였더니

아브라함 때에도 흉년이 있었고 100년 후에 이삭 때에도 흉년이 들

었습니다.

그래서 이삭은 아버지 때의 경험을 바탕으로 이집트에 내려가서 나일강에 피했다가 다시 올라오는 게 좋겠다고 판단하여 이주하게 됩니다.

그런데 하나님께서 나타나셔서 이집트로 가지 말고 지시하는 땅에 머물라고 말씀하십니다.

이삭은 이미 남동쪽으로 17km를 내려와서 그랄 땅을 지나고 있었는데 그곳에 머물라는 말씀을 듣고 머물게 됩니다.

사실 이삭은 홀홀 단신이 아니었습니다. 아브라함 때에도 종이 300명 이상이었으니 이후 이삭 때는 더 많았을 것입니다. 가축 떼도 만만치 않았을 것입니다. 그러니 이 큰 족속이 이동을 할 때는 여러 가지로 준비할 것도 많았을 것입니다.

처음 말씀해 주셨더라면 좋았을 텐데 그나마도 어느 정도 이동 후에 말씀해 주셨으니 약간 하나님의 의도가 느껴지는 말씀이기도 합니다.

사실 아브라함은 이집트에 내려갈 때 반대하지 않으셨습니다. 야곱의 경우도 마찬가지입니다.

그런데 이삭은 이집트에 내려가는 것을 반대하고 우려하십니다.

왜였을까요?

바울의 경우도 다메섹으로 갈 때 빛 가운데 나타나셔서 그의 삶에 전환점을 만드셨습니다. 요나의 경우도 폭풍우를 만나게 하시고 물고기 뱃속에 넣다 **뺐다** 하시며 깨닫게 하시는 것을 보았습니다.

이집트는 당시 죄악의 도시를 상징하고 있었습니다.

아브라함은 개척자로 갈대아 우르부터 시작했던 여정 길을 통해 우상과 죄악에서 다져질 대로 다져져서 하나님만을 분명히 붙잡은 케이스입니다. 그러니 이집트로 간다한들 걱정될게 없었습니다.

야곱도 삼촌라반의 집에서 연단 받고 훈련받은 게 있습니다. 그리고 벧엘에서의 사다리 꿈과 천사와 씨름을 통해 신앙적인 체험을 가지고 있었습니다. 그러니 이집트로 간다고 해도 괜찮았습니다.

하지만 이삭은 온실 속의 화초처럼 온순하게 아버지의 그늘 아래 자랐던 사람이었습니다.

이제 이집트로 갔을 때 그에게 예상되는 부분이 있었을 것입니다.

아브라함의 조카 롯은 소돔과 고모라 성에서 결국 죄에 물들고 간신히 유황불을 피하기만 합니다.

비슷한 이유로 하나님께서 이삭의 행로를 막으시는 것입니다.

때론 누군가에게는 가라고 하시고 누군가에게는 멈추라 하시고 누군가에게는 머물라고 하십니다.

주님은 나에게 아무런 응답도 대답도 없으시다고 생각된다면 큰 염려 없이 믿음 안에 잘 살고 계신 것입니다.

문제가 있고 잘못 가고 있을 때 하나님의 개입이 일어나는 것입니다.

이삭을 멈추시기 위해 설득하시는 과정에서 모리아산에서 이삭을 바치려던 아브라함에 대한 이야기가 나옵니다.

그때 그 산에서 칼이 이삭의 심장에 닿기 전에 멈추었고 그 이후 들었던 말씀이 바로 오늘 본문에 나오는 땅과 자손에 대한 축복이었습니다.

그러니 이삭이 그것을 어떻게 잊을 수 있겠습니까?

그 하나님의 체험을 다시 한 번 꺼내셔서 이삭에게 주님의 인도하심을 밝히셨으니 블레셋 나라의 땅이라 해도 말씀에 순종하여 머물게 되는 것입니다.

그 땅에서 머무는 것도 쉽지 않은데 탁월한 순종을 보는 것 같습니다. 우리도 인생을 살면서 왜 응답이 없으신지? 왜 내 인생에 간섭하지 않으시는지? 내가 내려가야 할지? 말아야 할지?

이런 고민들이 많을 것입니다.

때로는 묻기도 하고 기도도 하지만 속 시원한 답을 듣기는 쉽지 않습니다. 말씀을 묵상하고 기도원에 가야할 것 같은 느낌이 들겠지만 그때마다 그게 정답은 아닐 거라고 어렴풋이 아실 거라 생각합니다.

길을 잘 가고 있는 사람에게 굳이 나타나셔서 말씀하시며 잘 가고 있다고 이렇게 말하는 건 마치 네비게이션에서 전방 500미터, 전방 400미터, 전방 300미터 남았다고... 이런식으로 귀찮은 설명이 될 수 있습니다.

때로는 믿음과 신뢰 안에 듬직한 발걸음이 필요합니다.
묵묵히 그 길을 걷는 것이죠. 주님을 믿으며 말입니다.
잘 감당하고 있다면, 잘 걸어가고 있다면...

하나님은 우리에게 얼마든지 말씀으로 응답으로 체험으로 사람들을 통해서 충분히 말씀하실 수 있습니다.

하지만 그렇게 세세하게 말씀하시며 인도하신다면 그건....

도리어 믿음 없는 로보트 같은 사람을 만들어내는 것 밖에는 안 될 겁니다. 사실 하나님이 그렇게 하신다면 거기에 순종하지 않는 사람이 없을 것입니다.

그렇게 하지 않음에도 순종할 수 있는 믿음....

자연스러운 믿음...

사람에 따라, 믿음에 따라, 상황과 순종에 따라...
결국 이삭은 그 땅에 머물렀습니다.

흉년 앞에서 그룹 전체가 죽을 수밖에 없는 위기 상황 속에서 이집
트로 피신하려고 할 때에

세상적인 계산과 생각을 넘어서 하나님은 그 땅에 머물라고 하십니
다.
그리고 그 말씀에 예전처럼 순종합니다. 하나님을 향한 전적인 신뢰
가 담겨 있습니다.
이후 그 땅에서 이삭은 100배의 소출을 거두게 됩니다. 그리고 거부
가 됩니다.
하나님의 계획... 인도하심... 세상적인 상식을 넘어선 축복....

우리는 어떤 삶을 살고 있습니까?
우리는 세상보다 하나님을 더 신뢰하고 있습니까?
특별한 이유가 없어도 순종하며 걸어갈 수 있을까요?

하나님을 향한 절대적 신앙...
우리에게도 필요합니다.

가라, 멈춰라, 머물러라.

어떤 말씀에라도 순종할 수 있는 믿음이 필요합니다.
그리고 아무런 말씀이 없다 해도 믿음으로 가는 게 필요합니다.
믿음 안에서 잘 가고 있는 겁니다.

순종하면 그 뒤는 하나님께서 예비해 주시고 축복해 주십니다.
이삭의 순종을 통해서 우리의 인생을 돌아보면 좋겠습니다.

벌써 3번째 책이다. 책을 쓸수록 재미난 것은 책에 쓴 대로 하나님께서 인도해 주시기 때문이다. 말도 안 되게 우리를 이끄시는 기적 앞에서 어느 날 밤을 하얗게 새도록 책을 써내려가는 내 모습을 발견하게 된다. 수많은 계획과 꿈을 보여주시며 힘 있게 인도하시는 주님 앞에 이 기쁜 소식을 같이 나누지 않을 수가 없어서 부족하지만 글을 쓰고 책을 내고 있다.

　이 책을 통해서 어떤 분에게는 도전이 되고 어떤 분에게는 기회가 되며 어떤 분에게는 은혜가 되길 기도해 본다. 결국 하나님께서 어떻게든 역사하실 것이라고 믿는다. 세밀하신 그분께서 지금 쓰는 이 글을 통해 영향을 받아야 할 분들에게 전달되도록 하실 것이고 귀한 사역의 지평을 열어줄 거라고 기대해 본다.

　우리는 꿈꾸고 계획을 세우고 실행한다. 너무나 간단하고 명료하게 말이다. 꿈만 꾸다가 끝나는 사람들도 있다. 계획만 세우다가 지치는 분들도 있다. 그리고 그마저도 실행하지 못하고 끙끙 앓는 사람들도 있다.

다른 건 몰라도 이거 하나만은 꼭 전하고 싶다. 적어도 책을 읽었다면 지금 당장 실행에 옮겨보라고 말이다. 무언가 깨달은 게 있다면 적어두고 그렇게 살아야 한다. 적어도 노력과 시도는 해봐야 한다. 만일 어떤 방향의 꿈이 있다면 그 방면에 어느 정도 먼저 걸어가신 분에게 찾아가서 원리를 배워야 한다. 그리고 실행해 보라.

그게 바로 탁월함의 비결이다. 머릿속에만, 마음속에만 백날 있어 봐야 별로 소용이 없다. 죽이 되던 밥이 되던 실행해 보고 시작해 본다면 완전히 다른 상황들이 펼쳐질 것이다.

우리가 꿈꾸는 이상으로 하나님께서는 우리를 이끌어 가신다. 정말 놀라울 정도로 말이다. 그 신나는 모험을 주님 손 붙잡고 이제 시작해 보면 어떨까? 가슴 뛰는 현장으로 함께 달려가면 어떨까?

하나님의 사역은 복잡하거나 어려운 게 아니다. 불타는 가슴으로 동참하는 것이다. 하나님께서 내 안에 던져준 열정이 있다면, 하나님의 부르심이 있다면 그 분야를 붙잡고 달려가기 바란다. 시작은 항상 어렵다는 것을 예상하고 도전해라. 그러나 하나님께서 인도해 주시며 그 길을 달려가도록 도와주실 것이다.

우리 교회의 이야기가 여러분에게 귀한 도전과 의미가 있기를 바란다. 책을 읽어주셔서 감사드리고 하나님의 인도하심을 함께 응원하며 기대해 본다.